U0631374

高校体育教学与运动训练研究

李松涛 ◎ 著

中国出版集团

中译出版社

图书在版编目（CIP）数据

高校体育教学与运动训练研究 / 李松涛著. —— 北京：
中译出版社，2024. 5. —— ISBN 978-7-5001-7963-4

Ⅰ. G807.4；G808.1

中国国家版本馆CIP数据核字第2024U6A085号

高校体育教学与运动训练研究
GAOXIAO TIYU JIAOXUE YU YUNDONG XUNLIAN YANJIU

出版发行	中译出版社
地　　址	北京市西城区新街口外大街28号普天德胜大厦主楼4层
电　　话	（010）68359827，68359303（发行部）；68359287（编辑部）
邮　　编	100044
传　　真	（010）68357870
电子邮箱	book@ctph.com.cn
网　　址	http://www.ctph.com.cn

策划编辑	于建军
责任编辑	于建军
封面设计	蓝　博

排　　版	雅　琪
印　　刷	廊坊市文峰档案印务有限公司
经　　销	新华书店

规　　格	710毫米×1000毫米　　1/16
印　　张	13
字　　数	220千字
版　　次	2025年1月第1版
印　　次	2025年1月第1次

ISBN 978-7-5001-7963-4　　　　　　　**定价：**76.00元

版权所有　侵权必究

中 译 出 版 社

　　《高校体育教学与运动训练研究》是对高等教育中体育教学与运动训练领域的深入探索和系统总结。在当今社会，体育教学不仅是培养学生身体素质、提高竞技水平的重要途径，更是促进学生全面发展、增强综合素养的有效手段。然而，如何有效地进行体育教学、如何科学地进行运动训练，一直是困扰着高校教师和教练员的重要问题。

　　本书旨在通过系统的理论分析和实践经验总结，探讨高校体育教学与运动训练之间的内在关系，深入剖析教学与训练的核心要素，提出可操作性强的方法和建议，为高校体育教师和教练员提供科学的指导，促进高等教育体育事业的发展。

　　在本书中，我们首先从研究的背景和意义出发，阐述了本研究的学术价值和实践意义。随后，我们明确了研究的目的和目标，概括了研究的整体框架和内容安排。在研究方法和数据来源方面，我们注重理论与实践相结合，既充分借鉴前人研究成果，又通过案例分析和实地调研，确保了研究的科学性和可操作性。

　　在对体育教学理论与实践进行深入探讨后，我们重点阐述了高校体育运动训练的基本原理，包括生理学和心理学的基础知识。在此基础上，我们提出了针对不同项目的运动训练方法，并对其进行了系统的总结和归纳。无论是技术性项目还是竞技性项目，我们都提供了相应的教学设计和训练计划，以期帮助教师和教练员开展有针对性和高效率的工作。

　　此外，我们还特别关注了运动损伤的预防与处理以及康复与重返赛场问题，致力于保障学生的身体健康和个人发展。通过对这些关键问题的深入研究和分析，我们相信本书能够为高校体育教学与运动训练的实践与改进提供科学依据，为学生的体育素养和竞技水平的提升提供有力支持。

最后，我们要感谢所有为本书撰写和出版提供支持和帮助的人士和机构。希望本书能够成为高等教育体育教学工作者和学生的参考书，为推动我国体育事业的发展贡献一份力量。

由于作者水平有限，书中疏漏之处在所难免，恳请广大读者批评指正。

作者

2024 年 3 月

Contents 目 录

第一章　导论

第一节　研究背景和意义

一、研究背景

（一）高校体育教育的重要性

在现代社会，高校体育教育已经被越来越多的人所重视。它不仅仅是学校教育的一部分，更是学生全面发展的重要组成部分。通过体育教育，学生不仅可以提高自身的身体素质，还可以培养团队合作精神、培养竞技精神，塑造健康的生活方式，同时，培养正确的价值观念。因此，高校体育教育的质量直接关系到整个教学活动的开展和学生的综合素质的提高。

（二）青少年成长阶段的特点

青少年期是人生发展的重要阶段，也是身体素质和运动技能发展的关键时期。大部分高校学生处于这一阶段，他们的身体还在发育阶段，对于运动和体育活动的接受能力较强。因此，高校体育教育对于他们的成长至关重要。通过科学的体育教学和训练，可以有效地促进学生的身体素质和运动技能的全面发展，为他们未来的发展奠定坚实的基础。

（三）体育教育的终身影响

高校体育教育不仅仅是为了培养学生在校期间的体育素质和技能，更重要的是使他们在各方面都终身受益。体育教育不仅会影响学生在校期间的身心健康，而且对他们毕业后的生活方式和社会行为也有不可忽视的作用。通过培养学生对体育运动的兴趣和爱好，以及正确的运动习惯，可以使他们在毕业后继续参与体育运动，享受运动带来的乐趣，保持身心健康，实现终身发展的目标。

高校体育教育的重要性在于它不仅是学校教育的一部分，更是学生全面发展的重要组成部分。在青少年成长阶段，体育教育对于学生的身体素质和运动技能的培养至关重要。而良好的体育教育不仅可以影响学生在校期间的身心健康，还可以影响他们毕业后的生活方式和社会行为，实现终身受益。

二、研究意义

（一）提升体育教学质量

研究高校体育教学与运动训练的关系和方法对于提升体育教学质量具有重要意义。通过深入探讨教学理论、实践方法以及运动训练的基本原理，可以为体育教师提供科学的指导，帮助他们更好地设计教学计划、组织课堂教学，并有效评估学生的学习成效。这有助于提高教学效率，增强学生的学习兴趣和参与度，进而提升体育教学的整体质量。

（二）促进学生全面发展

优质的体育教学和运动训练对于学生身心健康的全面发展至关重要。通过科学的体育教育，可以培养学生良好的体育习惯和生活方式，增强其身体素质和运动技能。同时，通过参与体育运动，学生可以培养团队合作精神、领导能力、适应能力等综合素质，有助于其全面发展和个人成长。

（三）推动体育教学改革

研究体育教学目标、方法和评价体系的改革对于推动高校体育教学的改革和创新具有重要意义。随着社会的不断发展和变化，传统的体育教学模式可能已经无法满足时代的需求。因此，通过深入研究体育教学的理论和实践，可以为体育教学的改革提供理论支持和实践经验，促进体育教学向更加科学、更加适应时代发展的方向发展。

研究高校体育教学与运动训练的关系和方法具有重要的意义。首先，它有助于提升体育教学的质量，为教师提供科学的指导和支持；其次，它有助于促进学生的全面发展，培养学生良好的体育习惯和综合素质；最后，它有助于推动体育教学的改革和创新，适应时代发展的需要。

第二节　研究目的和目标

一、确定研究的整体目标与价值

（一）整体研究目标

本书的整体研究目标在于深入研究高校体育教学与运动训练之间的关系，以及如何优化体育教学与训练模式，从而有效提升学生的体育素质和竞技水平。高校体育教育作为学生全面发展的重要组成部分，其质量直接关系到整个教学活动的顺利开展。然而，体育教学的质量受到诸多因素的影响，其中体育教学与运动训练之间的关系尤为重要。通过深入探讨二者之间的相互作用和影响，可以更好地理解体育教学的本质，为体育教学实践提供理论指导和方法支持。

此外，本书旨在明确优化体育教学与训练模式，从而更好地满足学生的需求和学习特点。随着社会的发展和人们对健康生活方式的重视，对体育教学提出了更高的要求。优化体育教学模式不仅可以提高教学效果，还可以激发学生的学习兴趣和积极性，促进其全面发展。因此，研究如何优化体育教学与训练模式，对于提高学生的体育素质和竞技水平具有重要意义。

本书的整体目标是深入探讨高校体育教学与运动训练的关系，并明确优化体育教学与训练模式，以达到有效提高学生的体育素质和竞技水平的目的。通过实现这一目标，可以为高校体育教育的改革和发展提供重要的理论支持和实践指导，推动体育教育事业迈上新的台阶，为培养更加健康、积极向上的青年学生做出贡献。

（二）价值

1. 理论支持与指导

通过本书，可以为高校体育教学提供理论支持，明确体育教学与运动训练的关系，指导体育教师开展更加科学有效的教学活动。

2. 促进体育教学改革

研究结果可以为高校体育教学的改革提供借鉴和参考，推动体育教学模式向更加灵活、多样化、个性化的方向发展，以更好地适应学生的需求和时代的发展。

3. 提升学生综合素质

优化的体育教学与训练模式有助于培养学生良好的体育习惯和生活方式，提高其身体素质和运动技能，同时培养学生的团队合作精神、领导能力和适应能力等综合素质，为其全面发展和个人成长做出贡献。

4. 促进健康与预防疾病

通过提高学生的体育素质和运动技能，可以有效促进学生身心健康，预防和减少与久坐生活方式相关的健康问题和疾病，如肥胖、心血管疾病等。

5. 社会影响与服务社会

研究成果的推广应用有助于为社会培养和贡献更多优秀的体育人才和健康有活力的青年力量，为国家体育事业的发展和全民健身事业做出积极贡献。

本书旨在深入探讨高校体育教学与运动训练的关系，并明确优化体育教学与训练模式，提高学生体育素质和竞技水平。研究具有重要的理论意义和实践价值，可以为体育教育事业的发展和学生健康成长做出积极贡献。

二、阐明研究的具体目标与预期成果

（一）具体目标

本书的具体目标涵盖了多个方面。

首先，我们将深入分析高校体育教学的现状和存在的问题。这包括对体育教学模式、课程设置、师资队伍、设施设备等方面进行全面调查和评估，以揭示目前高校体育教学中的不足和挑战。通过深入地分析，我们将能够准确把握体育教学的现状，为后续的研究提供理论基础和实践参考。

其次，我们将探讨体育教学与运动训练的相互关系和互动发展策略。体育教学和运动训练是密切相关的，二者相辅相成、相互促进。通过研究体育教学与运动训练之间的关系，我们将探讨如何在教学实践中有效地结合两者，以提高学生的体育素质和竞技水平。这将有助于我们更深入地理解体育教学与运动训练之间的内在联系，为构建体育教学与运动训练的有机结合提供理论支持。

最后，我们将提出针对性地改进措施，优化高校体育教学与运动训练模式。

通过对现有问题的深入分析和理论探讨，结合实际情况，我们将提出可行的改革方案和实施策略，以促进高校体育教学质量的提升和教学效果的改善。这些改进措施将涉及教学内容的优化、教学方法的创新、师资队伍的建设等方面，旨在提高体育教学的针对性、科学性和有效性。

（二）预期成果

首先，本书的预期成果包括建立系统的高校体育教学与运动训练理论框架。通过对现有理论的整合和创新，我们将构建一个完整的体育教学与运动训练的理论框架，以指导高校体育教学实践，并为相关研究提供理论支撑和方法指导。这个理论框架将涵盖体育教学目标、教学方法、课程设计、评价体系等方面内容，有助于系统地推动高校体育教学的发展。

其次，我们预期能够提出可行的改革方案，促进高校体育教学质量的提升。通过对体育教学现状和存在问题的深入分析，结合国内外相关研究成果，我们将提出一系列切实可行的改革措施和实施策略，针对性地解决体育教学中的瓶颈和难题，从而有效提高体育教学的质量和水平。

最后，我们将致力于推动体育教学与运动训练的深度融合，助力学生全面发展。通过加强体育教学与运动训练之间的联系和互动，我们将促进两者的有机结合，实现教学与实践的无缝衔接。这不仅有助于提高学生的体育素质和竞技水平，还能够培养学生的综合能力和团队合作精神，为其全面发展和健康成长提供更加坚实的基础。

三、研究目标与高校体育教学实践的关联性

（一）理论指导实践

本书旨在深入探讨高校体育教学与运动训练的关系，以理论指导实践，为高校体育教学提供科学依据和实际指导。在高校体育教学领域，理论与实践的结合至关重要。理论研究为实践提供了指导和支撑，而实践则是理论检验的重要途径，二者相辅相成、相得益彰。因此，本书将从理论和实践相结合的角度出发，以系统性、全面性的视角，深入探讨高校体育教学的现状、问题和挑战。

第一，我们将通过梳理相关理论框架和研究成果，为高校体育教学提供科学的理论依据。通过对体育教学理论的系统性分析和总结，我们将揭示体育教

学的内在规律和特点，明确体育教学的核心要素和方法原则。这不仅有助于加深对体育教学本质的理解，还可以为实践工作提供指导和启示。

第二，我们将结合实践案例和调查研究，深入剖析高校体育教学的具体问题和现实挑战。通过对高校体育教学实践的实地观察、访谈和问卷调查，我们将深入了解体育教学的现状、问题和需求。同时，我们还将借助数据分析和统计方法，客观评估体育教学的效果和影响因素，为理论研究提供实证支持。

第三，我们将提出具体的改进措施和实践建议，以促进高校体育教学的优化和提升。通过综合分析理论研究和实践调研的结果，我们将针对性地提出改革创新的举措和策略，优化体育教学的组织方式、教学内容、教学方法等方面，从而提高体育教学的质量和效果。

（二）问题解决与应用推广

首先，通过深入研究高校体育教学与运动训练的关系，本书旨在解决实际存在的问题，并推动研究成果的应用和推广，以促进高校体育教学的改进与提升。在当前的高校体育教学实践中，存在着诸多问题和挑战，如教学内容单一、教学方法传统、师资力量不足等。这些问题制约了高校体育教学的发展和提升，影响了学生的体育素质和综合能力的培养。

其次，通过研究体育教学与运动训练的关系，我们可以深入分析问题的根源和内在联系，找出解决问题的有效途径和策略。例如，通过对现有体育教学模式的分析，我们可以发现其中存在的不足和局限，进而提出创新的教学模式和方法，如运动训练与课堂教学相结合、个性化教学等，以满足学生不同需求的体育教育。

再次，本书还将重点关注研究成果的应用和推广，将研究成果转化为实际的教学实践和政策建议，以促进高校体育教学的改进与提升。例如，通过组织教师培训和交流活动，将研究成果分享给更多的教师，提升其教学水平和教学方法的多样性。同时，积极与学校管理部门、体育教育机构和相关专业协会合作，推动研究成果的落地和推广，促进高校体育教学的改革和发展。

最后，通过深入研究高校体育教学与运动训练的关系，解决实际问题，推动研究成果的应用和推广，我们可以有效改进与提升高校体育教学，推动体育教育事业的发展，为学生的全面发展和健康成长提供更有力的支持和保障。

第三节　研究方法和数据来源

一、方法论框架的选择与解释

本书将采用综合性的研究方法，以全面深入地探讨高校体育教学与运动训练的关系。

第一，我们将进行文献研究，通过查阅相关学术文献、期刊论文、教材教辅以及政策文件等，系统地梳理和分析国内外关于高校体育教学和运动训练的理论框架、研究成果和发展趋势。这有助于我们深入了解体育教学与运动训练的基本概念、原理和方法，为后续研究提供理论基础和参考。

第二，本书将采用案例分析方法，结合实际案例对高校体育教学与运动训练的关系进行深入剖析。我们将选择一些典型的高校体育教学案例，从不同角度和层面进行分析，探讨其存在的问题、优势和特点，以及与运动训练的关联性。通过案例分析，我们可以从实践中获取丰富的经验和启示，为研究提供具体的案例支持和实证依据。

第三，本书还将进行实地调查，通过问卷调查、访谈等方式收集高校师生的观点和意见，了解他们对体育教学与运动训练的认识、期待和需求。实地调查可以直接获取现场的信息和反馈，帮助我们更加全面地了解高校体育教学的实际情况和存在的问题，为研究提供实践支持和数据支持。

二、数据收集与分析方法的论述

数据收集是研究中至关重要的一环，它为研究提供了实证基础和具体数据支持。本书将采用多种方式进行数据收集，以获取全面、准确的信息，从而深入理解高校体育教学与运动训练的关系和问题所在。

第一，我们将采用问卷调查的方式，向高校师生发放调查问卷，了解他们对体育教学与运动训练的认知、态度和需求。问卷设计将涵盖多个方面，包括体育课程设置、教学内容、教学方法、学生参与情况等，以及运动训练的开展情况和意见建议。通过问卷调查，我们可以快速获取大量的信息和数据，了解不同群体的看法和需求，为研究提供广泛的参考资料。

第二，本书将进行实地观察，通过走访高校体育教学场所、参与体育课程和训练活动，以及观察教学过程和学生表现等方式，收集相关的实地数据。实地观察可以直接感知和记录到体育教学与运动训练的现实情况，了解实际的教学模式和运作机制，为研究提供直观的材料和实践经验。

第三，我们还将进行专家访谈，邀请相关领域的专家学者和高校教师，就体育教学与运动训练的关系、存在的问题和改进措施等方面进行深入交流和探讨。专家访谈可以获取权威专家的意见和建议，从专业角度深入分析问题，并为研究提供专业性的指导和支持。

在数据收集之后，我们将运用统计分析和质性分析等方法对收集到的数据进行综合分析。统计分析可以对问卷调查等量化数据进行统计描述和分析，揭示数据之间的相关性和规律性；而质性分析则可以对实地观察和专家访谈等质性数据进行深入解读和分析，挖掘数据背后的深层含义和内在联系。

三、研究方法的可行性和有效性分析

（一）可行性分析

在本书中所选取的方法具有较高的可行性，能够全面深入地了解高校体育教学与运动训练的实际情况。首先，采用问卷调查是一种常用且成本相对较低的数据收集方法，能够快速获取大量样本的观点和看法。通过向高校师生发放问卷，我们可以覆盖广泛的受众群体，从不同角度收集数据，有助于全面了解体育教学与运动训练的现状和问题。其次，实地观察是一种直接感知和记录实际情况的方法，能够提供直观的数据和实践经验。通过走访高校体育教学场所，参与体育课程和训练活动，我们可以亲身感受教学过程和学生表现，获取丰富的实地数据，有助于深入理解体育教学与运动训练的运作机制和存在的问题。最后，专家访谈是一种获取专业性意见和建议的有效途径，能够从专家学者和高校教师等权威人士处获取宝贵的信息和指导。通过与专家进行深入交流和探讨，我们可以获取专业性的观点和建议，为研究提供理论支持和实践指导。

（二）有效性分析

通过科学合理的数据收集和分析方法，本书能够有效地获取客观真实的研究结果，为研究目标的达成提供有力支持。首先，数据收集方法的科学性是保证研究有效性的基础。采用问卷调查、实地观察和专家访谈等多种数据收集方式，可以从不同角度、多个维度全面收集相关信息，确保数据的丰富性和多样性。其次，数据分析方法的科学性是确保研究结果准确性的关键。运用统计分析和质性分析等方法对收集到的数据进行综合分析，可以深入挖掘数据背后的规律和内在联系，得出客观可信的结论。最后，数据收集和分析过程中的科学性还体现在样本选择、数据处理和结果解释等方面。合理选择样本群体，有效处理数据，科学解释结果，能够提高研究的可信度和说服力。综合考虑以上因素，本书所采用的数据收集和分析方法具有科学性和合理性，能够有效地支撑研究的目标和结论。通过严谨的研究设计和科学的数据处理，我们有信心获得准确、可靠的研究结果，为高校体育教学与运动训练的改进和提升提供有力支持。

第二章 体育教学理论与实践

第一节 体育教学目标与任务

一、高校体育的定义

高校体育的定义涵盖了广义和狭义两个层面。在广义上，体育被定义为体育运动，包括身体教育、竞技运动和身体锻炼三个方面。这些活动以身体活动为基本手段，旨在锻炼身体、促进健康、增强体质，并具有教育、教学和训练作用。而在狭义上，体育指的是以强身、医疗保健、娱乐休息为目的的身体活动，是整个教育的组成部分之一，与德育、智育、美育相辅相成。

高校体育的定义，主要涉及以在校大学生为参与主体的体育活动，通过培养学生的体育兴趣、态度、习惯、知识和能力来增强学生的身体素质，培养学生的道德和意志品质，促进学生的身心健康。在高校体育的范畴内，主要包括大学体育课程、课外体育活动和课余体育训练等。其中，大学体育课程是核心，不包含专业体育院校学生和其他院校体育专业学生的课程，旨在通过身体练习、体育教育和科学的体育锻炼来增强体质、增进健康和提高体育素养。课外体育活动则充分尊重学生的主体地位，学生可自由选择参与项目、时间、地点等，体现自发性和自觉性，是体育践行立德树人的关键渠道。而课余体育训练、校园体育社团、体育俱乐部等则为学生提供了更灵活多变的体育活动形式，促进了学生的终身体育意识和发展。

高校体育的定义不仅涵盖了传统的身体锻炼和健康促进，还强调了其在学生全面发展和素质教育中的重要作用。通过体育活动，学生不仅能够增强体魄、提升健康，还能够培养品德、磨炼意志，促进心理和情感的健康发展。同时，体育活动的多样性和自主性也为学生提供了展示个性、发挥潜能的舞台，有助于培养学生的创新意识和实践能力。因此，高校体育在当今教育体系中具有不可替代的地位和作用，对学生的全面成长和发展具有积极而深远的影响。

二、高校体育教学的目标

（一）以健康教育为指导，促进学生身心的和谐发展

1. 强调身心健康的重要性

在当代社会，身心健康已经成为人们日益关注的焦点。特别是在高校体育教育领域，健康教育被视为至关重要的指导原则。这种关注不仅仅局限于学生体能的提升，更加重视心理健康、情感状态以及社会适应能力等方面的培养。体育课程的设计和教学内容的安排都应该贯穿着这一指导思想，旨在通过体育活动的参与，培养学生积极的生活方式和乐观的心态，从而实现身心的全面发展。

在高校体育教育中，健康教育的重要性体现在多个方面。首先，随着社会竞争的日益激烈和生活节奏的加快，学生的身心健康面临着严峻的挑战。因此，通过体育教育引导学生养成良好的生活习惯，积极参与体育锻炼，对于提升整体健康水平具有重要意义。其次，心理健康作为身心健康的重要组成部分，直接影响着学生的学习、生活和社交。体育教育不仅可以促进学生身体素质的提升，还可以通过各种体育活动和团队合作，培养学生的团队精神和社交能力，增强他们的心理韧性和抗压能力。再次，体育教育还可以通过锻炼身体、释放压力的方式，帮助学生缓解学习和生活压力，改善情绪状态，提高学习和工作效率。最后，健康的身心状态是学生综合素质发展的基础，也是实现个人自我实现和社会和谐发展的前提。因此，高校体育教育应该充分认识到身心健康的重要性，将健康教育贯穿于体育教学的全过程，努力为学生的身心健康提供全面保障和支持。

2. 教育学生养成健康的生活习惯

体育教育在高校教育中扮演着至关重要的角色，其中一个重要目标就是有助于学生养成健康的生活习惯。这种习惯不仅包括定期参与体育锻炼，还涉及诸多方面，如饮食营养、睡眠规律等。通过体育课程的开展，学校可以为学生提供一个良好的平台，促进他们养成积极的生活方式，以提升身心健康水平。

第一，定期参与体育锻炼是养成健康生活习惯的重要组成部分。体育课程的安排和教学内容应当充分考虑学生的身体状况和兴趣爱好，引导他们积极参与各种体育活动，如慢跑、篮球、游泳等，从而使体育锻炼成为他们日常生活的一部分。通过定期的体育锻炼，学生可以增强体质，提高抵抗力，预防和减少各类慢性疾病的发生，从而实现身体健康。

第二，饮食营养也是健康生活的重要组成部分。体育教育应该引导学生关注自己的饮食习惯，提倡合理饮食，摄入足够的营养物质，避免垃圾食品和高糖高脂食物的过度摄入。学校可以通过开展营养健康教育和丰富多样的饮食宣传活动，增强学生的营养意识，培养他们健康饮食的习惯。

第三，睡眠规律也是维持健康生活的重要环节。体育教育可以加强对学生睡眠健康的关注和指导，教育他们养成良好的睡眠习惯。合理的作息安排和充足的睡眠时间有助于调节学生的生物钟，提高睡眠质量，增强身体免疫力，改善学习和工作效率。

3. 培养学生的社交能力和情感管理能力

在高校教育中，体育教育不仅着眼于培养学生的身体素质，更应关注其社交能力和情感管理能力的培养。通过体育活动的开展，学生有机会参与各种团队合作和竞争，从而锻炼出良好的社交能力和情感管理能力，促进他们的身心和谐发展。

第一，体育活动往往需要学生进行团队合作。在团体项目中，学生需要与队友合作、协调配合，共同完成任务或达成目标。这种合作不仅仅是对技术层面的要求，更是对团队精神和协作能力的考验。通过参与体育活动，学生能够学会倾听他人、尊重他人、团结合作，培养出团队合作精神，增强社交能力。

第二，体育竞技活动也是锻炼学生情感管理能力的重要途径。在比赛中，学生可能会面对来自对手、裁判或观众的挑战和压力，需要学会控制情绪、保持冷静，正确处理各种情绪反应，保持良好的竞技状态。通过这样的训练，学生可以培养出良好的情感管理能力，增强自我控制和情绪调节的能力。

第三，体育活动也为学生提供了拓展社交圈子、增进人际关系的机会。通过参与体育俱乐部、校园运动会等活动，学生可以结识来自不同背景、不同专业的同学，建立起良好的友谊和人际关系。这种社交交往有助于学生的个人成长和人际交往能力的提升，为他们未来的职业生涯和社会交往打下坚实基础。

（二）以人文教育为基点，提高学生体育文化修养水平

1. 引导学生理解体育文化的内涵

体育教育旨在培养学生全面发展，其中，人文教育作为重要组成部分，对于提升学生的体育文化修养水平至关重要。通过体育课程的设置和教学内容的设计，学校可以引导学生深入了解体育领域的丰富内涵，包括体育历史、体育艺术和体育哲学等方面的知识，从而培养学生对体育文化内涵的理解和欣赏能力。

第一，体育历史是体育文化的重要组成部分，旨在梳理体育的发展历程、演变过程以及不同文化背景下的体育传统，有助于学生深刻理解体育的价值和意义。通过学习体育历史，学生可以认识到体育在不同历史阶段对社会、文化、政治等方面的影响，从而更好地理解体育的多样性和丰富性。

第二，体育艺术是体育文化的重要表现形式，包括体育舞蹈、体操表演、健美操等。通过学习体育艺术，学生可以领略到体育运动的美感和艺术价值，培养审美情趣和欣赏能力。同时，体育艺术也是培养学生身心和谐发展的重要途径，通过参与体育艺术活动，学生可以提高自身的形体协调能力和表演技巧，增强自信心和团队合作精神。

第三，体育哲学是对体育运动背后的思想和理念进行探索和思考，是体育文化内涵的重要组成部分。通过学习体育哲学，学生可以深入了解体育运动的价值观、人生观和世界观，引导他们树立正确的体育态度和价值取向，培养积极向上的精神品质和人生态度。

2. 强调体育文化的传承和创新

体育文化的传承和创新既是体育教育的历史责任，也是面向未来的重要使命。在体育教育中，传承体育文化传统是维系和弘扬民族体育精神的关键，而创新体育理念和方法则是推动体育事业不断发展和进步的动力。

首先，传承体育文化传统是维系民族精神和文化认同的重要途径。体育作为人类文明的重要组成部分，蕴含着丰富的文化内涵和历史积淀。在体育课程中，学校应该重视对传统体育项目、民族传统体育活动等的传承和弘扬，让学生了解并尊重自己民族的体育文化，从中汲取智慧和力量，培养对文化传统的热爱和传承意识。

其次，创新体育理念和方法是适应时代发展和社会需求的必然要求。随着

社会的不断进步和科技的不断发展，传统的体育模式和方法可能已经无法满足人们的需求。因此，体育教育需要不断创新，探索适合时代发展和个体特点的体育教学模式和方法。这包括引入新的体育项目和运动方式，在体育教学中的应用中推广现代科技，以及培养学生创新意识和实践能力，促进体育事业的不断发展和进步。

在体育课程中，传承和创新应该相辅相成，相互促进。传承体育文化传统可以为学生提供根植文化底蕴的精神支撑和身体力行的实践基础，而创新体育理念和方法则可以为学生打开思维的新视野，激发他们的创造力和创新精神。通过传承和创新的结合，体育教育能够更好地培养学生的综合素质和社会责任感，为他们未来的发展奠定坚实的基础。

3.培养学生的审美情趣和文化素养

体育教育的重要任务之一是培养学生的审美情趣和文化素养，其中体育艺术的欣赏和体验是实现这一目标的重要途径之一。通过体育艺术的欣赏，学生不仅可以领略到体育运动所蕴含的美感和艺术价值，还能够提升自己的审美情趣和文化素养，成为具有综合素质和高尚品位的现代公民。

首先，体育艺术的欣赏有助于学生认识和理解体育运动的美学意义。体育运动不仅是一种身体活动，更是一种艺术表现。例如，在体操、花样游泳等项目中，选手们通过优美的动作和协调的节奏展现出身体的柔美和力量，体现出人体艺术的魅力。通过欣赏这些体育艺术作品，学生可以感受到体育运动所蕴含的美感和情感，从而培养自己的审美情趣。

其次，体育艺术的体验有助于学生提升自己的文化素养。体育艺术作为人类文明的重要组成部分，蕴含着丰富的文化内涵和历史积淀。通过参与体育艺术活动，学生可以了解不同文化背景下的体育艺术形式和传统，拓宽自己的文化视野，增加对多元文化的理解和尊重，从而提升自己的文化素养。

体育教育应该重视体育艺术的欣赏和体验，培养学生的审美情趣和文化素养。通过体育艺术的欣赏和体验，学生不仅可以提升自己的审美情趣和文化素养，还能够感受到体育运动所蕴含的美感和情感，成为具有综合素质和高尚品位的现代公民。

（三）以终身体育为目标，激发学生自主和自觉学习体育的兴趣

1.培养学生的体育兴趣和爱好

体育教育的一个重要目标是培养学生的体育兴趣和爱好，使他们在参与体育活动的过程中树立起终身体育的意识。为了实现这一目标，体育课程需要设计丰富多彩的体育项目，吸引学生积极参与，培养他们对体育运动的兴趣和热爱，同时促使他们形成自觉锻炼、持续学习的健康生活方式。

第一，体育课程的设计应该充分考虑学生的兴趣和需求。不同学生对体育运动的兴趣和偏好有所差异，因此，体育课程应该设置多样化的项目，包括球类运动、田径、游泳、武术等不同类型的活动，以满足不同学生的需求和喜好。通过提供多样化的选择，可以激发学生的兴趣，增加他们参与体育活动的积极性。

第二，体育课程的教学内容应具有吸引力和挑战性。教师可以通过设置有趣、刺激的游戏和挑战，引导学生参与体育活动，并在其中体验到乐趣和成就感。例如，组织团队竞技、趣味比赛、户外探险等活动，让学生在参与中感受到体育运动的乐趣和魅力，从而培养他们的体育兴趣和爱好。

第三，体育课程还应注重培养学生的自觉性和主动性。通过激发学生的自主参与和主动学习的能力，帮助他们形成自觉锻炼的习惯和终身学习的意识。教师可以引导学生制定个人锻炼计划，鼓励他们自主选择适合自己的运动项目和训练方式，从而增强他们的自我管理能力和责任意识。

2.提升学生的体育自律能力

提升学生的体育自律能力是体育教育的重要任务之一。终身体育的实践需要学生具备自我管理、自我激励和自我约束的能力，以保持持续的体育锻炼习惯，并将其融入日常生活中。为了实现这一目标，体育教育可以采取一系列措施，从课程设置、教学方法到个体辅导等方面进行综合引导和培养。

第一，体育课程应当注重培养学生的自我管理能力。教师可以通过引导学生制定个人健康生活和体育锻炼计划，帮助他们合理安排时间和任务，养成良好的生活习惯和锻炼习惯。在课堂上，教师可以组织学生参与自主训练和自我评价，引导他们逐步建立起自我管理的意识和能力。

第二，体育教育需要激发学生的自我激励和内在动力。通过设立明确的目

标和挑战，鼓励学生自我挑战和突破，培养他们的毅力和自信心。教师可以采用奖励机制、竞赛激励等方式，激发学生的积极性和参与度，引导他们在体育锻炼中找到乐趣和成就感，从而增强其体育自律的动力和意愿。

第三，个体辅导和心理支持也是培养学生体育自律能力的重要手段。教师可以与学生进行个体沟通和指导，了解其个体差异和需求，为其提供个性化的指导和支持。同时，关注学生的心理健康，引导他们正确处理体育锻炼中的困难和挑战，培养其面对困难时的坚韧和毅力，从而提升其体育自理能力。

提升学生的体育自律能力需要从多个方面进行综合培养和引导，包括课程设置、教学方法、个体辅导和心理支持等方面。只有通过这些措施的有机结合，才能够有效地培养学生的自我管理能力、自我激励能力和自我约束能力，使其能够持续地参与体育锻炼，实现终身体育的目标。

3.培养学生的体育领导力和组织能力

培养学生的体育领导力和组织能力是体育教育的重要任务之一。体育活动不仅仅是一种个人锻炼，更是集体合作和组织管理的体验。通过组织体育比赛、运动会、体育团队等活动，体育教育可以为学生提供锻炼领导力和组织能力的机会，从而促进他们的全面发展。

第一，体育教育可以通过组织体育比赛来培养学生的领导力和组织能力。学生可以参与组织各类比赛，从策划赛程安排、制定规则、组织队伍、协调赛事等方面积累领导经验。在比赛过程中，学生需要具备组织协调、沟通合作、决策管理等能力，从而提升其领导力和组织能力。

第二，体育教育可以通过举办运动会来培养学生的领导力和组织能力。学生可以参与运动会的筹备工作，担任组织者、裁判员、志愿者等角色，从中学习团队协作、资源调配、问题解决等技能。在运动会中，学生需要协调管理各项比赛和活动，培养自己的组织能力和领导技能。

第三，体育教育还可以通过组建体育团队或俱乐部来培养学生的领导力和组织能力。学生可以参与团队的组建和管理，担任团队领导、教练员、队长等职务，学习团队建设、训练管理、比赛策划等技能。通过团队活动，学生可以培养领导能力、团队合作精神和组织协调能力，从而成长为优秀的体育领导者和管理者。

（四）以发展个性为导向，培养学生潜在创新意识和能力

1.注重个性发展和特长培养

高校体育教育的目标之一是注重个性发展和特长培养，这是体育教育中不可或缺的重要任务。学生在大学期间，除了学习专业知识外，也应该有机会发展自己的兴趣爱好和个性特长。因此，体育课程设计应当以发展个性为导向，为学生提供丰富多样的体育项目和活动，让他们有机会展示个性、发挥特长，并实现个性化的体育成长。

第一，体育课程设计应充分考虑学生的兴趣爱好。每个学生都有自己独特的兴趣和爱好，体育教育应该提供多样化的体育项目和活动，满足不同学生的需求。学生可以根据自己的兴趣选择参加喜爱的运动项目，从而更加投入地参与体育活动，并在其中找到乐趣和成就感。

第二，体育课程设计应考虑学生的潜在能力和特长。每个学生都有自己的潜在能力和天赋，体育教育应该为学生提供展现和发挥特长的机会。通过多样化的体育项目和活动，学生可以发掘自己的特长，培养自信心和自我认知，从而实现个性化的体育发展。

第三，体育教育还应该鼓励学生参与体育竞赛和比赛。竞赛是展现个性和发挥特长的重要途径之一，通过参加比赛，学生可以在竞技中挑战自我、磨炼意志，并取得成绩的肯定和认可。体育教育应该为学生提供参加各类比赛的机会，激发他们的竞争意识和积极性，促进个性发展和特长培养的实现。

高校体育教育应以发展个性为导向，注重培养学生的个性和特长。通过提供多样化的体育项目和活动，为学生提供展示个性和发挥特长的平台，实现个性化的体育成长和全面发展。这不仅有助于学生的身心健康，也有利于其个人成长和终身发展。

2.培养学生的创新精神和实践能力

体育教育在高校教育体系中扮演着至关重要的角色，其目标不仅在于培养学生的身体素质，更应该注重培养学生的创新精神和实践能力。这种创新精神和实践能力的培养不仅对学生的个人成长有益，也对其未来的社会和职业生涯起着重要的促进作用。

第一，体育教育可以通过创新性的体育项目和活动来激发学生的创新思维。例如，引入新颖的体育运动或者创意性的比赛形式，可以让学生在参与体育活

动的过程中产生新的想法和见解，从而培养其创新意识和思维方式。

第二，体育教育还应该注重培养学生的实践能力。通过实践性的体育训练和比赛活动，学生可以将理论知识应用到实际中去，提高解决问题和应对挑战的能力。此外，体育团队合作和组织管理等活动也可以锻炼学生的实践技能，培养其团队合作精神和领导能力。

第三，体育教育还可以通过科研和创新项目来培养学生的创新精神和实践能力。例如，开展体育科研项目或者创办体育创业企业，可以让学生深入探索体育领域的前沿问题，锻炼其独立思考和解决问题的能力。

3.培养学生的团队合作精神和社会责任感

高校体育教育在培养学生的团队合作精神和社会责任感方面具有重要作用。团队合作精神和社会责任感是当代社会所需的重要素质，对于个人的成长和社会的进步都具有重要意义。

首先，体育教育可以通过组织团体体育活动来培养学生的团队合作精神。在团体体育活动中，学生需要与队友合作、协调配合，共同完成各项任务和挑战。这不仅能够提高学生的团队合作能力，还能够增强他们的沟通协调能力，培养团队凝聚力和集体荣誉感。

其次，体育教育还可以通过组织社会公益体育项目来培养学生的社会责任感。通过参与社会公益体育项目，学生可以了解社会的需求和问题，感受到自己的责任和使命。例如，可以组织义跑活动、义务体育培训等，为社会贡献自己的力量，促进社会的和谐发展。

最后，体育教育还可以通过课程设置和教学内容的设计来引导学生树立社会责任感和公民意识。通过体育课程中的讨论、案例分析等方式，引导学生思考体育活动与社会发展之间的关系，激发他们的社会责任感和公民意识，使其具备为社会作出贡献的意识和能力。

三、高校体育教学任务

（一）设计符合学生特点的体育课程

1.学生年龄和性别因素的考虑

（1）年龄因素

不同年龄段的学生在体育教育中呈现出多样化的需求和特点，这些差异性涵盖了生理、心理和认知等多个方面。因此，针对不同年龄段的学生，体育课程的设计需要考虑其年龄特点，以确保教学内容和难度的合理性和有效性。

首先，针对青少年学生，他们处于生长发育的关键阶段，身体素质和运动技能的发展具有显著的特点。在体育课程中，应该设计更多趣味性和挑战性的活动，以激发他们的学习兴趣和积极性。这些活动可以包括多样化的体育游戏、趣味性的竞赛项目以及团队合作活动，既能够促进学生的身体协调能力和柔韧性，又能够培养其团队合作和沟通能力。

其次，针对青少年学生的体育课程还应注重个体差异，鼓励学生发现自己的潜力和特长，给予他们充分的展示和发挥空间，从而增强他们的自信心和自我认知能力。

相比之下，成年学生的体育课程则应更加注重体能训练和技能提升。成年学生的身体素质已经相对成熟，因此可以进行更为系统和深入的体能训练，以提高其身体素质和运动能力。在体育课程中，可以引入更多的专业训练项目，如有氧运动、力量训练、灵活性训练等，以满足成年学生对于健身和身体塑造的需求。同时，针对成年学生的体育课程还可以加强技能训练，如各类球类运动、田径项目、水上运动等，帮助他们掌握更丰富的运动技能，提升竞技水平。

不同年龄段的学生在体育课程中需要得到差异化的教育，这既能够满足他们不同的发展需求，又能够促进其全面发展和健康成长。因此，体育教育者应根据学生的年龄特点，合理调整教学内容和难度，以确保体育教育的有效性和可持续性。

（2）性别因素

男女学生在生理和运动能力上存在着明显的差异，这些差异对于体育教育的设计和实施具有重要意义。因此，针对性别因素设置差异化的体育课程是十分必要的。

第一，男女学生在生理上存在着差异，如体型、肌肉结构、激素水平等方面存在着明显的区别。由于男生一般具有更强的肌肉力量和耐力，而女生则可能具有更好的柔韧性和灵敏度，因此在体育课程中应该根据性别特点设置不同的训练内容和方法。例如，在力量训练项目中，可以针对男生加强重量训练，而对女生则更注重轻量高反复的训练方式，以满足不同性别学生的生理需求。

第二，男女学生在运动能力和技术水平上也存在差异。一般来说，男生在力量、速度和爆发力等方面可能更为突出，而女生在柔韧性和协调性方面可能表现更优秀。因此，在团体项目的教学安排上，可以考虑男女混合或分开教学的方式，以便更好地发挥每个学生的优势和特长。比如，在篮球或足球等团体项目中，可以安排男女混合的比赛，以促进学生之间的交流和合作，同时也可以设置专门针对男女生的训练课程，以提高其运动技能和竞技水平。

第三，性别因素也会影响到学生对体育活动的兴趣和参与度。一般来说，男生可能更倾向于参与激烈的体育运动，如篮球、足球、田径等，而女生则可能更喜欢舞蹈、瑜伽、游泳等轻松的运动方式。因此，在体育课程设置中应该考虑到学生的兴趣和偏好，为不同性别的学生提供多样化的体育项目和活动选择，以激发他们的学习兴趣和参与热情。

2. 关注学生兴趣爱好和身体状况

（1）兴趣爱好

了解学生的兴趣爱好对于设计和实施体育课程至关重要。通过对兴趣爱好的了解，体育教师可以更好地满足学生的学习需求，激发其参与体育活动的积极性和热情。因此，在体育课程的设计中，应该充分考虑学生的兴趣爱好，为其提供丰富多样的体育项目选择。

首先，针对喜欢球类运动的学生，体育课程可以增加篮球、足球、排球等项目的课程安排。这些项目具有较高的参与度和竞技性，能够吸引球类运动爱好者积极参与，提高他们的运动技能和团队合作能力。在课程设置上，可以安排各种球类运动的训练和比赛，既增加了学生的体育锻炼量，又丰富了课堂内容，激发了学生的学习兴趣。

其次，对于喜欢户外活动的学生，可以增加登山、徒步、露营等项目的内容。这些项目能够让学生接触自然环境，感受户外运动的乐趣和挑战，培养他们的勇气、毅力和团队合作精神。通过户外活动，学生不仅可以锻炼身体，还可以加深对大自然的认识和尊重，培养环保意识和责任感。

最后，体育课程还可以根据学生的其他兴趣爱好，如舞蹈、瑜伽、武术等，设计相应的课程内容。这样一来，就能够更好地满足不同学生群体的需求，提高他们的参与度和学习效果。同时，也有助于丰富体育课程的内容，增强学生对体育活动的兴趣和热情，促进其身心健康的全面发展。

（2）身体状况

针对身体状况较弱或有特殊情况的学生，体育教育应该提供个性化的教学方案和适当的辅助措施，以确保他们能够安全有效地参与体育活动，并获得积极的学习体验。这种个性化的教学方法可以帮助这些学生克服身体上的障碍，促进他们的身心健康和全面发展。

第一，针对患有呼吸系统疾病的学生，如哮喘等，体育课程可以设置相对轻松的有氧运动项目，如散步、慢跑或轻柔的瑜伽。这些运动可以帮助他们提高肺活量、增强呼吸系统功能，同时减少运动时的呼吸困难。在教学过程中，教师应该加强对学生的监护，并提供必要的呼吸训练和身体保护知识，以确保他们在运动过程中能够保持良好的健康状态。

第二，对于存在运动损伤或残疾的学生，体育教育可以提供适应性运动项目和个性化的康复训练方案。例如，针对行动不便的学生，可以开设水中运动课程，如水中康复训练或水中瑜伽，以减轻关节压力并提高运动效果。同时，体育教师可以与专业的康复医生或治疗师合作，制定个性化的康复计划，帮助学生恢复运动功能并提升身体素质。

第三，针对心脏病患者或其他慢性疾病患者，体育教育可以提供定制的运动方案，并在运动过程中加强心率监测和身体状况评估，确保他们在安全范围内进行适度的运动。同时，教师还应该加强对学生的健康教育，教导他们正确的运动方式和自我保护技巧，帮助他们建立健康的生活习惯。

3.确保课程的针对性和实效性

（1）针对性

体育课程的设计应该具有针对性，以满足不同学生的实际需求和水平，确保教学内容和目标能够对每位学生产生积极地影响和提升。这种针对性的设计不仅能够激发学生的学习兴趣和积极性，还能够促进他们的全面发展和个性成长。

首先，针对训练有素的学生，体育课程可以设置一些高难度的技术训练项目，以挑战他们的体能和技能水平。通过提供具有一定挑战性的训练内容，可以激发他们的学习动力和进取心，促使他们不断提高自己的运动技能，并在竞技比赛或其他体育活动中取得更好的表现。这种针对性的设计能够满足他们对挑战的需求，帮助他们不断超越自我，实现个人的运动目标。

其次，针对初学者或体育水平较低的学生，体育课程应该从基础知识和基本技能开始，逐步引导他们进行系统学习和训练。通过设置简单易学的运动项目和技术动作，帮助他们建立起良好的运动基础，培养正确的运动姿势和习惯，为以后的进阶训练打下坚实的基础。这种针对性的设计能够让初学者逐步适应体育活动，增强信心，培养兴趣，从而持续参与和享受体育运动的乐趣。

最后，除了针对个体学生的运动水平和技能需求进行调整外，体育课程还应考虑到学生的年龄、身体素质、兴趣爱好等方面的因素，灵活设置教学内容和方法。通过对不同学生的特点和需求进行全面的分析和了解，体育教师可以制定出更加科学合理的教学计划和个性化的教学方案，确保每位学生都能够得到有效的锻炼和提升，实现全面发展和个性成长的目标。

（2）实效性

体育课程的实效性是评价其教学质量和效果的重要标准之一。一个具有实效性的体育课程应该能够在实践中产生明显的效果，使学生在课堂内外都能够取得持续的进步和收获。为了确保体育课程的实效性，教师需要采取一系列措施来优化教学过程，提高教学效果。

第一，教师需要根据学生的实际水平和需求，合理安排课程内容和教学方法。通过深入了解学生的体能水平、兴趣爱好和学习特点，教师可以有针对性地设计教学内容，确保其具有一定的挑战性和可操作性，激发学生的学习兴趣和积极性。

第二，教师需要及时反馈学生的表现，并针对性地进行指导和训练。通过观察学生在体育活动中的表现，教师可以发现他们的问题和不足之处，并及时给予指导和帮助，帮助他们改进和提高。同时，教师还可以利用各种评价方式，如实地观察、小组讨论、个人反思等，对学生的表现进行全面评估，促进其全面发展。

第三，教师还应该鼓励学生在体育课程中积极参与，培养其自主学习和自我管理能力。通过设置合作项目、小组活动等形式，激发学生的团队合作精神和互助意识，提高他们的学习积极性和参与度。同时，教师还可以鼓励学生参加体育比赛、表演和社区活动，提升其综合素质和社会责任感。

第四，教师应该不断反思和改进教学方法，提高教学效果和实效性。通过参加专业培训、学习先进教学理念和技术，教师可以不断提升自身的教学水平和能力，更好地满足学生的学习需求和提升要求。

（二）实现理论教学与实践训练的有机结合

1. 理论知识与实践技能的统一

（1）课程设置

体育课程的设计是教育教学中至关重要的一环，其目标是通过有机结合理论知识与实践技能，为学生提供全面而丰富的学习体验。在课程设置中，注重理论知识与实践技能的有机结合是确保教学质量和效果的关键。

第一，体育课程的设计应基于科学的理论知识。理论知识作为体育教育的基石，为学生提供了认识运动规律、掌握运动技能的理论依据。在课程设置中，教师应结合体育学科的相关理论知识，例如运动生理学、运动心理学、运动训练学等，合理安排课程内容，确保学生能够系统地学习和掌握相关知识。

第二，体育课程应注重实践技能的培养与训练。理论知识的学习只有通过实践才能得以巩固和应用。因此，在课程设置中，教师应设计多样化的实践活动，包括体育运动、训练技能、比赛竞技等，让学生将所学的理论知识转化为实际操作能力。通过实践活动，不仅可以加深学生对理论知识的理解，还可以培养他们的运动技能、提高协作能力和团队精神。

第三，体育课程的设置还应充分考虑学生的兴趣和特点。学生对体育运动的兴趣和爱好因人而异，因此课程设置应具有一定的灵活性和多样性。教师可以根据学生的兴趣爱好，设置丰富多彩的体育项目，如球类运动、田径、游泳、健身操等，让学生有更多选择的机会，激发其学习的积极性和参与度。

第四，体育课程的设计还应注重实效性和可持续性。课程设置应具有针对性和前瞻性，紧跟时代发展的步伐，结合社会需求和学生发展的趋势，不断优化和更新课程内容，确保其具有实践指导意义和长期的教育价值。

（2）案例分析

案例分析是体育教学中一种重要的教学方法，通过分析真实或虚拟的情境，引导学生运用所学知识和技能解决问题，加深对理论的理解，培养实践能力和问题解决能力。在体育教学中，案例分析可以以各种形式呈现，包括个人案例、团队案例、实践案例等，其目的在于将课堂理论知识与实践应用相结合，激发学生的学习兴趣和积极性，促进他们的全面发展。

第一，案例分析可以帮助学生将理论知识与实际问题联系起来。通过分析真实或虚拟的案例，学生可以将在课堂上学到的理论知识应用到实际情境中，从而更深入地理解和掌握所学内容。例如，学生可以通过分析一场体育比赛的案例，运用运动生理学和战术技术知识，分析比赛中运动员的表现和策略，从而深入了解运动训练和竞技实践的关系。

第二，案例分析可以培养学生的问题解决能力和实践能力。在案例分析过程中，学生需要分析问题、提出解决方案，并加以实践验证，这有助于培养他们的逻辑思维、判断能力和实践操作能力。例如，学生可以通过分析某项体育运动的典型案例，探讨运动员在比赛中遇到的问题及其解决方案，从而培养他们的应变能力和实践操作技能。

第三，案例分析还可以促进学生的团队合作和交流能力。在团队案例分析中，学生需共同合作、协商讨论，共同解决问题，这有助于培养他们的团队合作精神和沟通能力。通过与同学的交流和讨论，学生可以从不同角度思考问题，获取更多解决问题的思路和方法。

第四，案例分析也有助于培养学生的批判性思维和创新意识。在案例分析过程中，学生需要对案例进行全面分析和评价，提出自己的见解和观点，这有助于培养他们的批判性思维和创新思维能力。通过不断探索和尝试，学生可以发现新的问题和解决方法，促进个人和团队的创新发展。

2.教学内容的贯穿性和连贯性

（1）课程设计

在体育课程的设计中，理论教学与实践训练的贯穿性和连贯性至关重要。这种有机整合的教学模式旨在确保学生不仅能够理解理论知识，还能够将其运用到实践中，从而达到更深层次的学习效果。

第一，体育课程设计需要充分考虑理论知识与实践技能的统一。教学计划应该结合课程目标和学生的实际需求，合理安排理论教学与实践训练的比例和时间安排。例如，对于技术性较强的体育项目，可以通过先行理论讲解，然后配合实际操作进行训练，帮助学生理解和掌握运动技能。

第二，教学内容的贯穿性和连贯性也至关重要。体育课程的设计应该将不同知识点和技能训练环节有机地连接起来，形成教学内容的连贯性。例如，通过逐步深化的教学内容和技能训练，帮助学生逐步掌握体育项目的基本技能，并逐步提高技能水平。

第三，教学方法和手段的多样性也是实现理论与实践有机结合的关键。体育课程可以采用多种教学方法，包括讲解、示范、模仿、实践、训练等，以满足学生不同的学习需求和学习风格。例如，通过实地考察、实验演示、虚拟仿真等方式，帮助学生将理论知识与实际情境相结合，加深对知识的理解和应用。

第四，及时地反馈和指导也是确保理论与实践结合的关键环节。教师应该及时观察学生的学习情况，对他们的理论学习和实践训练进行及时的评价和指导，帮助他们发现问题、改进方法，进而不断提高自己的学习效果和运动技能水平。

（2）教学方法

在体育教学中，采用"理论指导、实践应用、反思总结"的教学模式是一种有效的教学方法。这种模式旨在通过将理论知识与实践操作相结合，促进学生在体育学习过程中的全面发展和综合能力的提升。

第一，理论指导是教学过程的第一步。通过系统的理论讲解和知识传授，教师可以向学生介绍体育项目的基本概念、原理、规则等内容，使其建立起对体育知识体系的基本认识。这种理论指导不仅有助于学生对体育活动的整体认识，还可以激发学生的学习兴趣，为后续的实践应用打下基础。

第二，实践应用是教学过程的关键环节。在理论知识的指导下，学生需要通过实际操作来应用所学的知识和技能。教师可以组织学生进行各种体育活动、运动训练或比赛，让他们在实践中感受体育运动的乐趣，培养体育技能和实践能力。通过实践应用，学生可以将理论知识转化为实际行动，进一步巩固和加深对知识的理解。

第三，反思总结是教学过程的收尾环节。在实践活动结束后，学生需要对自己的表现进行反思和总结。教师可以组织学生进行讨论或写作，引导他们回顾整个学习过程，分析自己的优点和不足，总结经验教训，提出改进措施。通过反思总结，学生可以深化对所学知识和技能的认识，发现自身的不足之处，并为今后的学习和实践提供借鉴。

3.创设多样化的教学场景和形式

（1）课堂教学

在体育课堂上，教师扮演着至关重要的角色，他们不仅是知识的传授者，更是学生学习过程中的引导者和促进者。课堂教学是体育教育中的主要环节之一，通过多种方式传授相关理论知识，并结合实际情况引导学生思考和讨论，以提高学生对知识的理解和运用能力。

第一，讲解是课堂教学的重要手段之一。教师可以通过讲解的方式向学生介绍体育运动的基本概念、规则、技能等理论知识，使学生建立起对体育知识体系的整体认识。讲解内容应当简明扼要、生动易懂，以便学生能够迅速理解和掌握。

第二，演示和示范也是课堂教学中常用的教学方法。通过教师或其他学生的示范演示，学生可以直观地了解体育动作的正确姿势和技术要领，加深对知识的理解。教师可以借助视频、图片等多媒体资源进行演示，以呈现更加生动、形象的教学效果。

第三，课堂上还可以开展讨论和互动环节。教师可以设计问题或情境，引导学生展开思考和交流，促进学生之间的互动与合作。通过学生之间的讨论，可以激发出更多的思维火花，拓宽学生的视野，加深对知识的理解和应用。

在体育课堂上，教师还应该注重差异化教学，根据学生的兴趣爱好、能力水平和学习特点，灵活调整教学内容和方法。通过个性化的教学设计，满足不同学生的学习需求，提高教学的针对性和实效性。

（2）实践训练

实践训练在体育教育中占据至关重要的地位，它是将理论知识转化为实际技能和经验的重要途径之一。通过实践训练，学生不仅能够加深对体育知识的理解，还可以培养和提升自己的运动技能、团队合作能力以及身心素质。在体育教学中，教师可以通过多种方式组织和引导学生进行实践训练，以达到教学目标。

首先，教师可以设计各种体育活动和项目，包括但不限于球类运动、田径、游泳、健身操等。通过参与这些活动和项目，学生能够全面锻炼身体各个方面的能力，如力量、耐力、灵敏度和协调性等，从而提升自身的体能水平。

其次，教师可以组织学生参加实践性的训练课程，针对具体的运动项目进行系统性的训练。通过划分训练阶段、制定训练计划、安排训练内容，学生可以逐步提高自己的运动技能水平，同时培养自己的耐心、毅力和自律能力。

最后，教师还可以利用校内外的体育设施和资源，组织学生参加比赛、表演和演练等活动。这些活动不仅可以检验学生的训练成果，还可以促进学生与他人的交流和合作，培养团队精神和竞争意识。

在实践训练中，教师应该注重个性化和差异化的教学，根据学生的特点和能力水平进行有针对性的指导和辅导。同时，还应该关注安全问题，确保学生在训练过程中身心健康、安全无虞。

（3）综合实践

综合实践在体育教育中具有重要的作用，它旨在让学生将学到的理论知识和技能应用到实际情境中，并通过实践活动提升综合能力。通过组织实践比赛、校内外体育活动等形式，学生不仅能够加深对体育知识的理解，还能够培养团队合作、竞技精神和应变能力，从而全面提升自身的综合素质。

第一，实践比赛是综合实践的重要形式之一。通过组织各类比赛，如田径比赛、篮球比赛、足球比赛等，学生可以在竞技中磨炼自己的技能和意志品质，提高自身的竞技水平和应变能力。比赛过程中，学生不仅要充分发挥自己的能力，还要学会与队友协作、应对对手的挑战，培养团队合作和竞争意识。

第二，校内外体育活动也是综合实践的重要方式之一。通过组织登山活动、徒步旅行、户外拓展等活动，学生可以接触到不同的体育项目和环境，增强自己的体能和心理素质，培养自己的团队合作和应变能力。在这些活动中，学生需要面对各种挑战和困难，学会克服困难、合理规划和安排自己的行动，从而提高自己的综合素质和能力。

第三，综合实践还可以通过课外实践项目、社会实践等形式进行。通过参与志愿者活动、社区服务等实践项目，学生可以了解社会需求，培养自己的社会责任感和公民意识，提高综合素质和社会适应能力。

在实践过程中，教师应该注重指导和引导，及时给予学生反馈和帮助，促进其全面发展。同时，也要关注安全问题，确保学生在实践活动中安全、健康地成长。

第二节 教学模式和方法

一、PBL 教学法

（一）PBL 教学法概述

PBL 教学法（Problem-Based Learning）是一种以问题为导向、以学生自我管理为主的教学模式。其核心理念是通过向学生提出现实世界中的问题，激发其主动思考、合作解决问题的能力，从而实现学生从被动接受信息到主动构想学习的转变。在 PBL 教学中，学生扮演着积极的角色，他们不再是被动地接受教师传授的知识，而是通过自主学习、合作讨论等方式，积极参与到问题解决的过程中。

这种教学模式的实施需要构建一个高效的课堂教学环境。教师在这个过程中更多地充当引导者和指导者的角色，而不是传统的知识传授者。教师的主要任务是引导学生找到问题的关键点、制定解决问题的策略，并提供必要的支持和指导。学生则需要积极思考、探索，通过合作讨论、自主学习等方式，共同解决问题，达到知识的获取和能力的提升。

PBL 教学法的应用不仅提升了课堂教学的质量和效率，更重要的是为培养创新型、应用型人才奠定了坚实的基础。通过这种问题导向的学习方式，学生不仅能够掌握知识，更能够培养解决问题的能力、创新思维和团队合作精神，从而更好地适应未来社会和职业的发展需求。

总之，PBL 教学法的核心价值在于提供了一种更加符合现代教育理念的教学模式，它不仅促进了学生的学习兴趣和参与度，更重要的是培养了学生的综合能力和创新精神，为其未来的发展打下了坚实的基础。

（二）PBL 教学法的实施步骤

1. 教师动作示范与重难点讲解

在 PBL 教学中，教师首先进行动作示范，并对技术动作的重难点进行详细讲解，引导学生正确理解和模仿练习。

2. 教师提出问题并组织实战模拟

教师针对实际应用场景提出问题，如"实战中后踢如何进行防守性运用，用于破解对方哪些进攻动作"。学生在问题引导下模仿练习后踢动作，并参与实战模拟活动。

3. 小组分享学习经验与讨论

学生在小组内分享学习经验，讨论实战中的应用技巧和策略，如用后踢破解对方的垫步横踢、腹部攻击等，促进合作学习和思维碰撞。

4. 小组成果展示与评价

学生在实战模拟后，小组间展示成果并接受其他小组学生的评价，指出不足之处，促进学生对技术动作的深入理解和提高。

5. 教师总结性评价与展示

教师对学生的表现进行总结性评价，并展示实战中技术动作的应用价值，指导学生进一步改进和提高。

6. 学生继续分组练习，教师纠错

学生根据教师的纠正意见，继续分组练习，并在实践中不断改进和完善技术动作，教师为学生提供持续性指导和纠正。

（三）PBL 教学法在跆拳道课程中的实践应用

1. 教师示范与讲解

在跆拳道课程中，教师首先进行动作示范与重难点讲解，指导学生正确理解和掌握技术动作的要领，为后续实践活动打下基础。

2. 学生实战模拟

教师提出问题并组织学生进行实战模拟，在实战中思考和解决问题，使学生将理论知识应用到实际情境中，增强其对技术动作的理解和应用能力。

3. 小组讨论与分析

学生进行小组讨论与分析，分享学习经验和解决问题的做法，促进合作精神和团队意识的培养，同时加深对技术动作的理解和掌握。

4. 小组成果展示与评价

学生展示实战成果，并接受其他小组学生的评价和指导，从中获取反馈和改进建议，促进学生的相互学习和提高。

5.教师总结与展示

教师对学生的表现进行总结评价并展示结果，指导学生深入理解技术动作的应用价值，并为下一步学习提出指导性建议和任务。

二、微课教学法

（一）微课教学模式的运用

1.微课制作与重难点解释

微课教学模式的第一步是教师利用短视频等媒介制作微课。在微课中，教师着重解释教学内容的重难点，并提出学生需要重点关注的问题。通过微课的形式，教师能够清晰地展示技术动作的要领，让学生在课前就能够对学习任务有所了解。

2.课前预习与问题提出

学生在课前通过观看微课视频进行自主预习。在预习的过程中，学生要注意思考和提出问题，以便在课堂上与教师和同学进行讨论和交流。这种自主预习能够让学生在课堂上更加积极地参与学习，加深对知识点的理解。

3.课堂教学与示范练习

在课堂上，教师根据学生的预习情况和技术掌握程度，进行重点讲解和示范动作技术。学生在教师的指导下进行技能练习，通过模仿教师的示范动作，逐步掌握技术要领。此时，教师可以进行现场指导和纠错，帮助学生克服技术上的困难。

4.动作视频比较与技能规范

为了进一步规范技术动作，教师可以播放专业运动员的动作视频，与学生的练习动作进行比较。通过对比和分析，学生能够更清晰地理解正确的技术要领，提高动作的规范性和准确性。

5.巡视管理与问题解决

教师在课堂上进行巡视管理，及时发现学生存在的问题，并进行纠正和辅导。针对学生的困难和疑惑，教师要及时给予解答和指导，确保学生能够顺利地掌握技术动作。

（二）微课教学的优势

1. 引发学生兴趣

微课的短小精悍的形式更能够引发学生的兴趣，激发其学习的积极性。学生对于精彩的视频更具有吸引力，更容易产生学习动机。

2. 提高课堂效率

通过课前的自主预习，学生能够在课堂上更加集中地学习和实践，提高了课堂教学的效率。教师可以更多地将时间用于技术指导和学生互动，提高了课堂的实用性和生动性。

3. 深化记忆与理解

通过观看动作视频和与专业运动员的比较，学生能够更清晰地理解技术动作，加深记忆。这种视觉和比较的方式有助于学生对知识的深入理解和掌握。

4. 巩固知识与技能

课后的复习和强化练习，有助于巩固学生的知识结构和技能动作，提高学习的持久效果。学生通过反复练习和观看微课视频，能够更牢固地掌握所学内容。

（三）微课教学的实践意义

微课教学在体育教学中的实践意义主要体现在以下几个方面：

1. 提高学习效果

微课教学模式能够让学生在课前自主学习，充分利用碎片化时间进行预习，以便对知识点有所了解。在课堂上，教师能够有针对性地进行讲解和指导，学生的学习效果更加显著。通过微课教学，学生的学习兴趣得到激发，学习效果得到提高。

2. 增强自主学习能力

微课教学注重学生的自主学习，通过观看视频和提出问题，学生能够更加主动地参与学习过程。这种自主学习的方式有助于培养学生的独立思考和问题解决能力，提高其自主学习的能力。

3. 拓宽教学空间

微课教学模式使得学习不再受到时间和空间的限制。学生可以随时随地通过手机、平板等设备观看微课视频，进行自主学习和预习。同时，在课堂上，教师也可以更灵活地组织教学活动，充分利用课堂时间进行重点讲解和实践操作。

4. 促进师生互动

微课教学模式加强了师生之间的互动。学生在课前预习时可以提出问题，教师在课堂上进行针对性地解答和指导。同时，教师也可以根据学生的反馈调整教学内容和方法，促进了师生之间的有效互动，提高了教学效果。

5. 优化教学资源

微课教学模式能够充分利用现代化的教学技术和资源。教师可以利用多媒体设备制作高质量的微课视频，为学生提供生动、直观的学习材料。同时，学生也可以通过互联网等渠道获取丰富多样的学习资源，拓宽知识视野，提高学习效率。

微课教学模式在体育教学中具有重要的实践意义，它不仅能够提高学生的学习效果和自主学习能力，还能够促进师生之间的互动，优化教学资源，为体育教育的现代化发展提供了新的路径和思路。

三、微信辅助法

（一）微信公众号教学模式的应用

微信公众号教学模式的应用在高校体育教学领域中具有重要的意义。随着移动互联网的普及和微信用户数量的持续增加，微信公众号作为一种辅助教学平台已经成为一种新兴的教学模式。微信公众号以其庞大的用户基础、信息传播的即时性以及多样化的内容呈现形式等优势，为高校体育教学带来了全新的应用价值和可能性。通过建立微信公众号，教师能够将丰富的教学资源整合到一个平台上，并以文字、图片、视频等形式进行展示和传播，从而实现教学资源的在线化和共享化。学生通过关注微信公众号，可以及时获取到教学内容，并进行课前预习和课后复习，从而提高学习效率和学习质量。因此，微信公众号教学模式的应用为高校体育教学带来了新的机遇和挑战，需要教师和学生共同努力，充分发挥其优势，实现教学目标的有效达成。

第一，微信公众号作为一种辅助教学平台，为高校体育教学提供了全新的教学方式。通过建立微信公众号，教师可以将课程相关的教学资源整合到一个平台上，包括教学计划、教学资料、课程安排等。学生可以通过关注微信公众号，随时随地获取到教学内容，方便快捷。

第二，微信公众号的信息传播具有即时性和广泛性的特点。教师可以通过微信公众号及时向学生发布教学通知、课程安排、作业布置等信息，有效地提高信息传播的效率。同时，学生也可以通过微信公众号及时获取到最新的教学资讯，为学习和备课提供便利。

第三，微信公众号的内容呈现形式多样化，可以通过文字、图片、视频等多种形式进行教学内容的展示。教师可以根据教学需要选择合适的形式发布教学内容，从而更加生动地展示教学内容，提高学生的学习兴趣和参与度。

第四，微信公众号教学模式的应用为教师和学生提供了新的学习和教学空间。教师可以通过微信公众号与学生进行在线互动，解答学生的疑问，提供个性化的学习指导。学生也可以通过微信公众号与教师和同学进行交流讨论，拓宽学习视野，提高学习效果。

（二）微信公众号教学模式的优势

微信公众号教学模式在高校体育教学中的应用具有诸多显著优势，这些优势使其成为教学的有效工具，为教学质量和效率的提升提供了重要支持。

1. 强大的用户基础

微信作为全球最大的社交媒体平台之一，拥有庞大的用户基础，几乎覆盖了所有的学生群体。这为教学资源的传播提供了广泛的平台，使教学内容能够迅速传播到学生群体中，提高了信息的传播效率和覆盖范围。

2. 多样化的信息呈现方式

微信公众号提供了多种形式的信息呈现方式，包括文字、图片、视频等。教师可以根据教学内容的特点和学生的需求选择合适的呈现方式，从而更加生动地展示教学内容，激发学生的学习兴趣和积极性。

3. 时效性较高

微信公众号的信息传播具有即时性，教师可以随时更新教学内容，及时向学生发布教学通知、课程安排、作业布置等信息。学生可以通过微信公众号随时获取最新的教学资讯，方便了解教学进展和学习任务，提高了学习的时效性和效率。

4.低成本、便捷使用

微信公众号的使用成本相对较低,教师可以通过简单的操作就能够创建和管理公众号,发布和更新教学内容。而对于学生来说,只需关注公众号即可随时随地获取到教学资源,无须额外的费用和复杂的操作,使用方式十分便捷。

5.资源节约和教学效率提升

通过微信公众号教学模式,教师可以将教学资源在线化和共享化,不仅可以节约教学资源,还能够提高教学效率。教师可以将教学计划、课件、教学视频等资源上传至公众号,学生可以随时随地进行学习,不受时间和空间的限制,有利于提高学习的便捷性和效果。

(三)微信公众号教学模式的实践内容

在实践中,建立微信公众号教学模式需要考虑到体育教学的特点和学生的需求,合理设计内容和方式,以达到最佳的教学效果。以下是在体育教学中实践微信公众号教学模式的具体内容和方式:

1.建立微信订阅号

教师和学校管理团队建立专门的微信订阅号,定期推送与体育教学相关的内容。这些内容可以包括教学视频,展示技术动作示范、战术分析和比赛回放等内容;技术要点讲解,针对体育课程中的重要技术点进行详细解说,帮助学生理解和掌握技能;教学资料,提供课程教材、课件、参考文献等资源,供学生课前预习和课后复习使用。

2.设立教学目标

教师通过微信订阅号设立教学目标,明确学生需要掌握的知识和技能。教师可以在每周或每月初向学生发布新的教学目标,包括学习内容、学习目标和学习方法等,引导学生有针对性地学习,提高学习效果。

3.丰富内容

教师应该丰富微信平台的内容,根据教学进度和学生需求提供多样化的教学资源。除了教学视频和技术要点讲解,还可以包括战术分析、历史文化介绍、专题讨论等内容,丰富学生的学习体验,激发学生的学习兴趣。

4.建立班级微信群

教师和班主任应该建立班级微信群,促进师生之间的交流与互动。教师可以在微信群中及时发布教学通知、课程安排等信息，回答学生的疑问，提供个性化的学习指导。学生也可以在微信群中分享学习体会、讨论问题，形成良好的学习氛围。

5. 定期评估和反馈

教师需要定期评估和反馈学生的学习情况。通过微信订阅号和微信群，教师可以收集学生的学习反馈和意见，及时调整教学内容和方式，提高教学的针对性和有效性。

四、任务契约法

任务驱动教学法是指围绕教学目标，通过任务驱使学生主动学习，在基于各种实践方式的益智活动中，引导学生主动探索学习和积极发现，发展学生问题解决能力以及创新能力等学科核心素养的一种教学方法。契约式教学法是由师生共同拟定并签收协议，学生在自主学习与探索中，逐步达到学习协议所设定的目标。

（一）任务驱动教学法的实践内容

任务驱动教学法着重围绕教学目标，通过任务驱使学生主动学习，在实践中探索和发现知识，培养学生的解决问题能力和创新能力。在体育舞蹈教学中，任务驱动教学法的实践内容包括以下几个方面：

1. 课前阶段

在课前阶段，教师扮演着引导者和规划者的角色，与学生共同准备好学习的基础。首先，教师会详细介绍本学期体育舞蹈课程的内容和教学规划，以确保学生对学习过程有清晰地认识和期待。通过这样的介绍，学生能够了解到本学期将要学习的舞蹈类型、技术动作、表演形式等具体内容，以及学习的时间安排和课程目标。同时，教师会与学生一同明确学习目标，确保每位学生对学习的期望和目标都得到充分地理解和认同。这些学习目标可能包括提高舞蹈技能水平、培养舞蹈表演能力、增强身体素质等方面，教师会根据学生的学习需求和课程要求共同确定学习目标。在学生明确了学习目标之后，教师会引导他们制定个人学习计划，确定适合自己的学习方法和进度安排。学生会根据自己的学习目标和学习方式，制定具体的学习计划，包括每周的学习时间安排、学习任务分配、学习方法选择等。通过这样的个人学习计划，学生可以更加有效地管理自己的学习时间和学习内容，提高学习的效率和质量。同时，确定学习方法和进度也有助于学生在学习过程中保持积极性和动力，更好地完成学习目标。

2. 课上阶段

在课上阶段，教师将引导学生深入学习，并通过多种方式促进他们对知识的掌握和运用。

第一，教师会进行专项热身活动，通过这些活动帮助学生放松身体、增强体能，为接下来的学习做好准备。热身活动不仅可以提高学生的身体柔韧性和协调性，还能够增强学生的学习积极性，让他们更好地投入到课堂学习中。

第二，教师会对上周学习的内容进行点评，并进行测试，以检查学生的学习掌握情况。通过点评和测试，教师可以了解学生对上周学习内容的掌握程度，及时发现学生存在的问题和困难。这样的点评和测试不仅有助于教师及时调整教学策略，更能够激发学生的学习兴趣，增强他们的学习动力。

第三，教师会针对学生遇到的问题进行讲解，引导学生进行针对性练习。通过讲解和练习，学生能够更加深入地理解和掌握学习内容，同时也能够解决他们在学习过程中遇到的困难和疑惑。教师还会示范本节课的学习内容，让学生对学习目标有更清晰地认识，并提供学习的范例和模板，以便学生更好地进行学习实践。

第四，学生根据学习契约的目标要求，进行自主练习和分组合作练习。在这个阶段，学生将会根据自己的学习目标和计划，选择适合自己的学习方式进行自主练习，同时也会与同伴进行合作练习，相互学习、交流和分享经验。通过自主练习和合作练习，学生能够更好地巩固和应用所学知识，培养团队合作精神和交流能力，提升学习效果和学习体验。

3. 课后阶段

在课后阶段，学生将通过自主练习和预习来进一步巩固和拓展他们在课堂上所学的知识。

首先，学生将根据学习契约中明确的学习目标，自主安排时间进行练习。这些练习可以是针对上节课内容的巩固练习，也可以是针对本周学习目标的延伸练习。通过自主练习，学生可以加深对知识的理解和掌握，巩固所学内容，提高学习效果。

其次，学生将完成周目标练习反馈表。通过填写反馈表，学生可以对自己的学习情况进行总结和评价，分析自己在学习过程中存在的问题和不足，并制定下一步的学习计划和目标。同时，教师也可以通过查阅学生的反馈表，了解学生的学习情况，及时给予帮助和指导，促进学生的个性化学习和成长。

最后，除了完成周目标练习反馈表之外，学生还会预习下节课的学习内容，为课堂学习做好准备。通过预习，学生可以提前了解下节课将要学习的知识点和内容，有针对性地进行学习准备，更好地参与到课堂讨论和学习活动中。预习可以帮助学生在课堂上更加专注和积极，提高学习效率和学习质量。

（二）契约式教学法的实践内容

契约式教学法要求师生共同拟定并签署学习协议，学生在自主学习与探索中逐步达成协议所设定的目标。在体育舞蹈教学中，契约式教学法的实践内容包括以下几个方面：

1.学习契约设计

学习契约的设计是任务驱动教学法中的关键环节，其目的在于明确教学目标、学习进度和学习方法，同时促进学生自主学习和个性化发展。在制定学习契约的过程中，教师与学生之间展开共同的讨论和协商，确保契约的制定符合学生的实际情况和学习需求，能够有效地引导学生完成学习任务并达到预期的学习效果。

首先，教师与学生共同讨论制定学习契约的具体内容。在这个过程中，教师将向学生介绍本学期的学习目标和教学计划，并与学生一起商讨确定学习契约的具体内容。教师会向学生详细解释每个学习目标的重要性和意义，让学生理解并认同这些目标的重要性。同时，教师也会听取学生的意见和建议，根据学生的实际情况和学习需求，灵活调整学习契约的内容，确保契约的制定能够真正满足学生的学习需求。

其次，学生根据自身情况确定学习目标，并制定个人学习计划。在制定学习契约的过程中，学生将根据教师提供的学习目标和教学计划，结合自己的学习情况和学习目标，确定适合自己的学习目标，并制定个人学习计划。学生会考虑自己的学习能力、学习习惯和时间安排等因素，合理安排学习进度，确保能够按时完成学习任务，并达到学习契约所设定的学习目标。

2. 课程目标及周反馈设计

在课程目标及周反馈设计中，教师的任务是将整个学期的教学目标细化成多个课程单元目标，并在与学生签订契约时让学生明确这些目标。同时，教师需要设计周反馈表，通过对学生本周学习情况的纵向比较，了解学生的变化，并推动学生继续加强锻炼与学习。

第一，教师将本学期的教学目标细化成多个课程单元目标。在教学计划中，教师会将整个学期的教学内容按照不同的单元进行划分，并为每个单元确定具体的教学目标。这些目标通常会包括知识、技能和情感态度等方面的要求，旨在全面提高学生的综合素质。在与学生签订契约时，教师会向学生介绍每个单元的教学目标，让学生明确自己在每个阶段需要达到的学习目标，以便学生更好地理解课程安排和自己的学习任务。

第二，教师设计周反馈表，用于记录学生每周的学习情况，并根据本周与前几周的纵向比较，了解学生的变化，推动他们继续加强锻炼与学习。周反馈表通常包括学生的学习表现、进步情况和存在的问题等内容。教师会定期评估和总结学生的学习情况，通过与之前的学习对比，了解学生的进步，并根据实际情况提出针对性的建议和指导，帮助学生持续提高学习效果。此外，教师还通过周反馈表了解学生在学习过程中遇到的困难和问题，及时提供帮助和支持，推动学生克服困难，更好地完成学习任务。

五、合作探究法

合作探究法在体育教学中是一种重要的教学方法，旨在促进学生的合作精神、团队凝聚力和探究意识等核心素养的培养。该方法通过师生间的相互合作与帮助，以及学习小组内的积极动态活动，共同达成教学目标。在体育教学中，合作探究法的应用体现在以下几个方面。

（一）基本特点的体现

合作探究法在体育教学中展现了一系列基本特点，这些特点有助于激发学生的学习兴趣、促进学生之间的合作与交流，以及提高整体教学效果。第一，异质分组与科学合理是合作探究法的重要特点之一。在体育教学中，教师会根据学生的基础水平和能力特点进行分组，形成异质分组的结构。这种分组方式有利于学生之间的互相帮助和优势整合，提升学习效果。不同水平的学生在小组内相互激励、相互促进，更好地实现共同学习目标。

第二，分工明确与优势整合也是合作探究法的显著特点之一。在合作学习过程中，学生在小组内会根据各自的特长和能力分工明确，各司其职，相互合作，发挥各自的优势，共同完成学习任务。这种分工明确的方式使得学习过程更加高效，能够最大限度地利用每个学生的特长，提高整体学习效果。

第三，角色转变与共同领导也是合作探究法的重要特点之一。在合作学习中，学生从被动接受者逐渐转变为主动参与者，共同承担学习领导和组织任务的责任。每个学生都有机会发挥自己的领导才能，带领小组成员完成学习任务，这种角色转变有助于培养学生的领导能力和团队合作意识。

第四，公平竞争与互帮互助是合作探究法的重要特点之一。在合作学习中，学生之间存在着一定程度的竞争关系，这有助于激发学生的学习兴趣，提高学习效率。同时，学生之间也会相互帮助，共同解决问题，促进共同进步。这种互帮互助的氛围有助于建立和谐的学习氛围，提高整体教学效果。

（二）教学主要流程的展开

在体育教学中，合作探究法的教学流程是一个系统而有序的过程，旨在引导学生通过合作探究的方式，共同达到预期的教学目标。这一流程可以分为三个主要部分：教师引导与准备、学生合作探究、教师指导与总结评价。

1. 教师引导与准备

在教学流程的开端，教师扮演着引导者的角色，主要任务是设置教学目标并做好教学准备工作。首先，教师需要清晰地确定本次教学的目标，这些目标应该与课程标准和学生的学习需求相契合。其次，教师需要准备教学材料和资源，以支持学生的合作探究活动（指的是学生在教师的指导下，通过分组合作的方式，共同探讨和解决问题的一种学习模式。它强调学生之间的互动与合作，通过集体智慧和努力，达到共同学习和进步的目标。教师在这一过程中起到引导、组织、监督和激励的作用，确保学习活动的有效性和学生的全面发展。）。这些资源可能包括教材、多媒体资料、实验器材等。最后，教师还需制定合适的教学策略和活动安排，以便有效地引导学生进行合作探究。

2. 学生合作探究

在教师引导下，学生开始进行合作探究活动。首先，他们会进行准备活动，这可能包括学习前的预习、讨论或小组讨论等。通过这些准备活动，学生能够了解本次教学的主题和目标，为后续的探究活动做好准备。接下来，学生会根据教师的指导，进入探究活动阶段。在这个阶段，学生会根据教学目标，结合已有的知识和技能，进行实际的探究活动。他们可能会分组进行实验、讨论问题、解决难题等。在整个过程中，学生之间会展开积极的合作与交流，共同探索知识的奥秘。

3. 教师指导与总结评价

最后一个阶段是教师的指导与总结评价。在这个阶段，教师会对学生的合作探究活动进行指导和调控，确保学生能够达到预期的教学目标。教师可能会提供必要的帮助和支持，解答学生的疑问，引导学生思考和总结。同时，教师会对学生的表现进行总结评价，评价学生的学习成果和学习过程，并给予必要的反馈和建议。通过这个过程，教师可以了解学生的学习情况，发现问题并及时进行调整，以提高教学效果。

（三）教师的角色与教学设计

在体育教学中，教师的角色至关重要，他们既是学生的引导者和指导者，又是学习环境的组织者和促进者。教师不仅需要具备专业的知识和技能，还需要具备良好的沟通能力和教学设计能力，以便更好地引导学生进行合作探究学习。

1. 教师的角色

在合作探究法的教学中，教师的角色主要包括以下几个方面：

（1）引导者和组织者

教师需要在教学开始前设置教学目标，并组织学生进行。他们要确保学生明确任务目标，合理分配任务，并提供必要的指导和支持。

（2）指导者和监督者

教师在合作探究过程中，需要及时指导学生进行学习活动，并监督学生的学习进度和质量。他们要及时发现学生的问题，并提供必要的帮助和反馈。

（3）鼓励者和激励者

教师要鼓励学生积极参与合作探究活动，激发他们的学习兴趣和动力。他们要给予学生肯定和认可，促进学生的自信心和成就感。

（4）评价者和总结者

教师在教学活动结束后，需要对学生的学习成果进行评价和总结。他们要客观地评价学生的表现，并提出建议和改进意见，以促进学生的进一步发展。

2. 教学设计

教师在体育教学中的教学设计至关重要，它直接影响到教学效果和学生的学习体验。在采用合作探究法进行教学设计时，教师应该注意以下几个方面：

（1）学习目标的明确性

教师需要明确制定教学目标，确保它们具有可操作性和可测量性。这些目标应该与学生的实际需求和能力水平相适应，并能够激发学生的学习兴趣。

（2）任务的设计与分配

教师应该根据学生的能力和兴趣设计合适的学习任务，并合理分配给学生。这些任务应该具有挑战性和启发性，能够促进学生的思维和动手能力的发展。

（3）学习资源的准备

教师需要提前准备好所需的学习资源，包括教材、实验器材、多媒体资料等。这些资源应该丰富多样，能够满足学生的不同学习需求。

（4）活动的安排与调控

教师应该合理安排学习活动的时间和顺序，并及时调控学习进度和质量。他们需要根据学生的实际情况进行灵活调整，以确保学生能够达到预期的学习效果。

（5）评价与反馈

教师应该及时对学生的学习进行评价，并给予必要的反馈和建议。这些评价应该客观公正，能够帮助学生发现问题并及时改进。

第三节　体育教学中的评价与反馈

一、建立科学的评价体系

在高校体育教学中，建立科学的评价体系至关重要。这需要综合考虑学生的身体素质、运动技能和心理品质等方面，建立全面客观的评价指标体系，以确保评价的准确性和公正性。评价体系应当包括以下几个方面的内容：

（一）身体素质评价

1. 身体机能测试

（1）肌肉力量测试

肌肉力量测试可以分为上肢和下肢两个部分进行。针对上肢肌肉力量，可以采用引体向上、卧推等动作进行测试，通过记录学生的动作次数或负重量来评估其肌肉力量水平。对于下肢肌肉力量的测试，可以采用深蹲、蹲跳等动作进行评估，同样记录相应的运动表现数据。

（2）耐力测试

耐力测试旨在评估学生在持续性运动中的耐力水平。有氧耐力测试可以采用长跑、游泳等项目进行，通过记录学生完成一定距离或时间的表现来评价其有氧耐力水平。无氧耐力测试则可以采用短跑、倒立引体向上等高强度运动项目进行评估，同样记录学生的运动表现数据。

（3）柔韧性测试

柔韧性测试旨在评估学生身体关节的活动范围和柔韧性水平。常见的柔韧性测试项目包括坐位体前屈、身体旋转等动作。通过观察学生完成这些动作的程度和角度，可以初步评估其身体柔韧性水平。

2. 体型指标评估

（1）身高体重评估

身高体重评估是体型评价的基础指标之一。通过测量学生的身高和体重，并结合相应的标准体重范围或 BMI 指数，可以初步评估学生的体型是否处于健康范围内。

（2）体脂肪率评估

体脂肪率评估是评价学生体型的重要指标之一。过高的体脂肪率可能会增加学生患肥胖和心血管疾病的风险，因此需要采用专业的测试方法或仪器来准确评估学生的体脂肪率水平。这可以通过皮褶厚度测试、生物电阻法等方法进行评估，从而更准确地了解学生的体脂肪情况。

（二）运动技能评价

1.基本动作技能评价

基本动作技能评价旨在评估学生在不同体育项目中的基本动作技能水平，如跑步、跳跃、投掷等。以下是具体的评价内容：

（1）跑步技能评价

评价学生的跑步技能包括起跑姿势、加速、维持速度和终点冲刺等方面。通过对学生在不同距离、不同路况下的跑步表现进行观察和记录，可以评估其跑步技能的优劣，并为其提供个性化的训练建议。

（2）跳跃技能评价

跳跃技能评价主要包括垫球、跳高、跳远等项目。通过观察学生在跳跃动作中的起跳、姿势控制、空中姿态和落地等表现，可以评估其跳跃技能水平，并针对性地进行技术指导和训练。

（3）投掷技能评价

投掷技能评价涉及投掷器材的使用和动作技巧，如投掷标枪、铅球、篮球等。通过对学生投掷动作的准确性、力量和技巧的评估，可以了解其投掷技能的水平，并提供相应的训练方案。

2.战术运用能力评价

战术运用能力评价旨在评估学生在竞技比赛或训练中的战术应用能力，包括进攻、防守、团队配合等方面。

（1）进攻能力评价

评价学生的进攻能力包括个人突破、传球、射门等技能。通过对学生在比赛或训练中的进攻表现进行观察和分析，可以评估其在进攻方面的技术水平和决策能力，并提供相关的技战术训练和指导。

（2）防守能力评价

评价学生的防守能力涉及拦截、阻挡、盯人等技术动作。通过观察学生在比赛或训练中的防守表现，包括对手控球、传球和射门等方面的防守动作，可以评估其在防守方面的技术水平和意识，并为其提供相关的技战术训练和指导。

（3）团队配合能力评价

评价学生的团队配合能力包括队形调整、配合默契、战术执行等方面。通过观察学生在比赛或训练中的团队配合能力，包括传接球、分工合作、战术串联等方面的表现，可以评估其在团队配合方面的能力，并为其提供相关的战术训练和策略指导。

（三）心理品质评价

1.体育精神评价

体育精神评价旨在评估学生对体育运动的热爱程度、毅力和拼搏精神等品质。

（1）热爱程度评价

评价学生对体育运动的热爱程度，包括参与体育活动的积极性和热情程度。通过观察学生在课堂上和课外时间参与体育运动的态度和行为，可以了解其对体育活动的态度和情感投入程度。

（2）毅力评价

评价学生在面对挑战和困难时的坚持和不懈努力的品质。通过观察学生在体育训练和比赛中的表现，包括面对失败的挫折和困难时的态度和应对方式，可以评估其毅力和坚韧性。

（3）拼搏精神评价

评价学生在体育运动中展现出的拼搏和奋斗精神。通过观察学生在比赛和训练中的积极投入和努力拼搏的表现，包括对自己和团队的要求和努力程度，可以评估其拼搏精神和奋斗意识。

2.团队合作意识评价

团队合作意识评价旨在考查学生在团队运动中的合作意识、沟通能力和领导潜力等品质。

（1）合作意识评价

评价学生在团队运动中的合作意识和团队精神。通过观察学生在团队比赛和训练中的合作表现，包括与队友的沟通、配合和支持，可以评估其合作意识和团队协作能力。

（2）沟通能力评价

评价学生在团队运动中的沟通能力和交流技巧。通过观察学生在团队活动中的交流和沟通方式，包括口头沟通和非语言交流，可以评估其沟通能力和团队合作意识。

（3）领导潜力评价

评价学生在团队运动中展现出的领导潜力和团队管理能力。通过观察学生在团队活动中的领导表现和团队管理能力，包括组织和协调能力、解决问题能力等，可以评估其领导潜力和团队领导能力的发展情况。

（四）课堂表现评价

课堂表现评价是体育教学中的重要组成部分，旨在评估学生在课堂上的学习态度、参与度和合作配合能力。主要包括参与度评价和配合度评价两个方面。

1. 参与度评价

参与度评价旨在观察学生在课堂上的主动参与程度、积极性和专注度等表现。

（1）主动参与程度评价

评价学生在课堂上是否积极主动地参与各种教学活动，包括回答问题、提出观点、展示动作等。通过观察学生的言行举止和参与情况，可以了解其对课堂内容的理解和关注程度。

（2）积极性评价

评价学生在课堂上表现出的积极学习态度和积极参与精神。通过观察学生对待学习的态度和行为，包括是否认真听讲、积极思考和参与讨论等，可以评价其学习积极性和学习动力水平。

（3）专注度评价

评价学生在课堂上的专注程度和学习效果。通过观察学生的注意力集中情况和学习表现，包括是否专心听讲、积极参与课堂活动等，可以评价其学习专注度和学习效果。

2. 配合度评价

配合度评价旨在考查学生在团队活动中的配合度、协调性和服从性等表现。以下是具体的评价内容。

（1）配合度评价

评价学生在团队活动中是否能够有效地配合和协作，包括与队友的沟通和配合、相互支持和协调等。通过观察学生在团队项目或合作任务中的表现，可以评价其团队配合能力和合作意识。

（2）协调性评价

评价学生在团队活动中的协调性和领导能力。通过观察学生在团队合作中的角色分工和协调安排，包括是否能够有效地分工合作、协调资源和解决问题等，可以评价其团队协调性和领导潜力。

（3）服从性评价

评价学生在团队活动中是否能够服从组织和领导的安排，包括是否能够听从指挥、服从纪律和执行任务等。通过观察学生在团队活动中的行为表现和态度，可以评价其服从性和团队意识。

二、及时有效地反馈机制

建立及时有效的反馈机制对于学生的学习和发展至关重要。教师应该针对每位学生的学习情况和表现，提供个性化的反馈和指导，帮助他们不断改进和进步。具体而言，反馈机制应包括以下几个方面。

（一）定期评价反馈

1. 定期评

（1）定期评价方式

在体育教学中，定期对学生的学习情况进行评价至关重要。这种评价应该涵盖身体素质、运动技能和心理品质等多个方面。评价可以通过多种方式进行，包括但不限于以下几种。

①测试评价：定期进行身体素质测试，如耐力测试、柔韧性测试等，以客观地了解学生的身体素质水平。

②观察评价：在课堂上和体育活动中，教师可以观察学生的表现，包括技能运用、团队合作等方面，从而评价他们的运动技能和行为表现。

③问卷调查：通过问卷调查（附录一）了解学生的体育兴趣、学习态度等心理品质，为评价提供客观数据。

（2）评价内容

定期评价应该全面、客观地反映学生的学习情况。评价内容应包括：

①身体素质：包括耐力、柔韧性、速度、力量等方面的测试结果。

③运动技能：包括基本动作技能、战术运用能力等方面的表现。

③心理品质：包括体育精神、团队合作意识、自我管理能力等方面的评价。

2.反馈意见

（1）反馈方式

根据评价结果，教师应及时向学生提供反馈意见。反馈可以通过以下方式进行：

①个别反馈：针对每位学生的评价结果，向其提供个别反馈意见，指出其在身体素质、运动技能和心理品质等方面的优点和不足之处。

②集体反馈：在课堂上向整个班级或小组提供评价结果的汇总反馈，鼓励学生互相学习和进步。

（2）反馈内容

反馈意见应该具体、针对性强，既能够肯定学生的优点，又能够指出其存在的问题，并提出改进建议。例如：

①肯定学生在某项技能上取得的进步，鼓励其继续保持努力。

②指出学生在某项技能上的不足之处，并提出具体的训练方法和建议，帮助其改进。

定期评价反馈是体育教学中的重要环节，能够帮助学生了解自己的学习情况，激发其进步的动力。通过科学有效地评价和精准及时地反馈，可以更好地促进学生的全面发展和个性化成长。

（二）个性化指导

1.针对性建议

（1）学生特点和问题分析

针对每位学生的个人特点和学习问题进行深入分析。了解学生的身体素质、运动技能水平以及心理品质等方面的表现，找出其存在的问题和改进空间。

（2）具体改进方向和方法

根据学生的特点和问题，提供具体的改进方向和方法。例如，对于身体素质较差的学生，可以设计针对性的体育锻炼计划；对于运动技能不够熟练的学生，可以安排个性化的技能训练课程。

2. 解决困难

（1）问题根源分析

与学生进行充分的交流和沟通，深入了解其学习中遇到的问题和困难的根源。可能的问题包括缺乏兴趣、技能不足、心理压力等。

（2）提供解决方案

针对学生的具体问题，提供个性化的解决方案。这可能包括调整学习方法、加强特定技能的训练、调整心态和情绪等。通过具体的行动计划和指导，帮助学生逐步克服困难，取得进步。

个性化指导是体育教学中的重要环节，能够帮助学生更好地发现和解决学习中的问题，实现个性化的学习目标。通过提供针对性的建议和解决方案，教师可以更好地满足学生的学习需求，促进其全面发展和进步。

（三）激励和鼓励

1. 表扬进步

（1）及时肯定

对学生的优点和进步进行及时的肯定和表扬。无论是在课堂上还是在课后，教师都应当注意观察学生的表现，并及时给予积极地反馈，强调他们取得的进步和成就。

（2）增强学习信心

通过表扬学生的努力和成就，增强其学习信心和动力。正面的反馈和肯定能够激发学生的自信心，让他们更有勇气面对学习中的挑战和困难。

2. 鼓励持续努力

（1）面对困难保持乐观

鼓励学生在面对困难和挑战时保持乐观和坚持不懈的态度。教师可以通过分享鼓舞人心的故事或者提供正面的思想引导，帮助学生克服困难，保持前进的动力。

（2）持续提高能力

激励学生不断提高自己的能力，不断追求进步和完善。教师可以设立学习目标和挑战，鼓励学生积极参与，不断努力，不断提高自己的学习水平。

激励和鼓励是教师在体育教学中的重要任务之一，能够有效地激发学生的学习动力和积极性，促进其全面发展和成长。通过及时的表扬和积极的鼓励，教师可以为学生营造一个充满正能量的学习环境，激发他们不断进取的精神。

（四）问题解决

1. 提供支持

为学生提供必要的支持和帮助是体育教学中至关重要的一环。教师在这一过程中扮演着关键的角色，他们不仅仅是知识的传授者，更是学生学习道路上的引路人和支撑者。为了帮助学生克服学习中遇到的问题，教师可以采取以下几种方式提供支持：

第一，提供额外的练习材料。教师可以为学生准备一些额外的练习题或者资料，让他们在课后进行巩固和拓展。这些练习材料可以帮助学生加深对知识的理解，提高运动技能的水平，同时也为他们提供了更多的学习机会。

第二，进行个别辅导。针对学生个体的学习需求和困难，教师可以进行个别辅导，提供针对性地指导和建议。通过与学生的一对一交流，教师可以更好地了解学生的学习情况，帮助他们解决学习中的疑惑和困难，提升学习效果。

第三，给予专业建议。教师可以根据自己的专业知识和经验，为学生提供专业的建议和指导。无论是在运动技能的训练还是在心理品质的培养上，教师都可以为学生指明学习的方向和方法，帮助他们更好地实现自身的学习目标。

提供支持是教师在体育教学中的一项重要任务，不仅可以促进学生的学习进步，也可以增强学生的学习信心和动力。通过提供额外的练习材料、个别辅导和专业建议，教师可以有效地帮助学生解决学习中的问题，促进其全面发展和成长。

2. 持续跟进

持续跟进学生的学习进展是体育教学中至关重要的一环。教师需要不断地关注学生的学习情况，确保他们的问题得到及时解决和改善。这种跟进不仅仅是一次性的，而是需要持续不断地进行，以保证学生在学习过程中能够持续地进步和成长。

教师可以通过多种方式进行持续跟进。首先是定期地评价和反馈。教师可以定期对学生进行评价，了解他们的学习情况和表现，并及时向他们提供反馈意见。通过不断地评价和反馈，教师可以及时发现学生的问题和困难，为他们提供帮助和支持。

除了定期的评价和反馈，教师还可以通过课堂观察和个别交流进行跟进。教师可以在课堂上密切关注学生的学习态度和表现，发现他们的学习问题和困难，并及时进行指导和帮助。此外，教师还可以与学生进行个别交流，了解他们的学习需求和困难，给予个性化的支持和指导。

在持续跟进的过程中，教师需要注重细节和耐心。他们需要耐心地倾听学生的意见和反馈，细心地观察他们的学习情况，并及时采取相应的措施。只有通过持续不断地跟进和调整，教师才能更好地帮助学生解决问题，促进他们的学习进步和成长。

第三章　高校体育运动训练的基本原理

第一节　运动训练的定义和意义

一、明确运动训练的概念

（一）运动训练的定义

运动训练是专门为运动员设计的一项系统性、有目的的训练活动。其旨在通过科学的方法和系统的计划，全面提高个体的运动技能、体能水平和竞技水平。这种训练并非仅限于对身体各项运动能力的提升，而是涵盖了广泛的方面，包括但不限于身体素质、心理素质以及技术战术的培养。

在运动训练中，首先需要根据运动员的个人特点和竞技需求制定相应的训练计划。这个计划必须是科学的，基于对运动生理学、心理学等相关学科的深入理解和研究，确保训练的科学性和有效性。通过科学的方法，如定量化训练、周期化训练等，合理地安排训练内容和强度，以达到最佳的训练效果。

在实际的训练过程中，运动训练不仅注重身体的各项运动能力的提升，还重视心理素质的培养。这包括对运动员的自信心、意志品质、应对压力的能力等方面进行针对性地培养和训练。通过心理训练和心理技巧的引导，使运动员能够在比赛中保持良好的心态，克服各种挑战。

此外，运动训练也包括技术战术的培养。在运动项目中，技术和战术的运用至关重要。因此，训练不仅要求运动员掌握基本的运动技能，还需要培养其对战术的理解和应用能力。这包括对比赛规则的熟悉、对对手的分析和策略的制定等方面的训练。

总的来说，运动训练是一项综合性的工程，旨在全面提升运动员的竞技水平和综合素质。通过科学的方法和系统的计划，结合对身体、心理和技术的全面培养，使运动员能够在竞技场上取得更好的成绩，同时也为其未来的发展奠定了坚实的基础。

（二）运动训练的组成要素

1. 科学的方法

科学的方法在运动训练中扮演着至关重要的角色，它是建立在运动生理学、心理学等相关学科理论知识基础之上的。通过运动生理学的研究，我们能够深入了解身体在运动中的生理变化，包括能量代谢、肌肉收缩、心血管系统的应对等方面的变化。这些知识为制定科学合理的训练方法提供了基础。心理学的运用则有助于了解运动员的心理特点、应对压力的方式以及心理素质的培养等方面。在运动训练中，不同运动项目所需的训练方法可能有所不同，但都应基于科学的原理和理论知识。

科学的方法的运用需要深入理解运动生理学和心理学等学科的理论框架，以及相关的实证研究成果。只有充分理解这些理论知识，才能够在实际训练中准确应用。此外，科学的方法的运用还需要不断地进行实践验证和调整，以确保训练方法的科学性和有效性。这意味着训练教练员需要不断地更新自己的知识，紧跟科学研究的进展，并将新的理论知识与实践经验相结合，不断完善训练方法。

除了理论知识的应用外，科学的方法还包括对运动员进行科学评估的过程。通过运用各种科学测量工具和方法，如心率监测、肌肉力量测试、身体成分分析等，可以客观地评估运动员的身体状况、运动能力以及心理状态。这种评估不仅可以为制定个性化的训练计划提供依据，还可以帮助教练员及时发现和解决运动员训练中的问题，提高训练效果。

2. 系统的计划

系统的计划在运动训练中扮演着至关重要的角色，它是确保训练有序、高效进行的基础。系统的计划的核心是制定详细的训练计划，这需要考虑多个方面，包括训练内容、训练强度、训练周期等。

第一，训练内容应当根据运动员的特点和训练目标进行合理安排。这意味着需要考虑到不同运动项目的特点，以及运动员个体的身体状况和技术水平。在制定训练内容时，需要综合考虑技术训练、体能训练以及心理训练等方面，以全面提升运动员的竞技水平。

第二，训练强度的安排是系统的计划的重要组成部分。训练强度的合理安排关系到训练效果的好坏。过低的训练强度可能导致训练效果不显著，而过高的训练强度则可能引发过度训练或受伤。因此，需要根据运动员的身体状况和训练目标，科学地确定训练强度，保证在训练中达到适度的负荷，以促进运动员的身体和技术水平的提升。

第三，训练周期的规划也是系统的计划的重要组成部分。训练周期的长短、训练阶段的划分都需要进行合理地安排。这不仅有助于保证训练效果的持久性和稳定性，还可以避免过度训练导致的伤病风险。在训练周期的规划中，需要考虑到运动员的比赛季节、个人生理周期以及训练目标的变化等因素，以确保训练计划的科学性和有效性。

二、运动训练的重要性

（一）提高竞技水平

1.技能水平提升

提高运动员的技能水平是竞技水平提升的关键之一。技能水平的提升需要经过针对性的技术训练，使运动员能够掌握更加精湛的技术动作，以提高其在比赛中的表现水平。

（1）精细技术训练

针对不同运动项目的特点，设计精细的技术训练计划。通过分解运动动作、细化动作要领，使运动员能够逐步掌握动作技术的关键要素，提高动作的准确性和稳定性。

（2）情境模拟训练

将训练场景设置得尽可能接近实际比赛场景，使运动员在训练中能够适应比赛的压力和环境。这种训练能够提高运动员在实际比赛中的应变能力和抗压能力，从而提高其竞技水平。

2.体能素质提升

体能素质的提升通过系统的体能训练来实现，包括耐力训练、速度训练等，以提高运动员的身体素质，增强其在比赛中的持久力、爆发力等。

（1）耐力训练

教练员通过长时间的持续运动训练，如长跑、游泳等，提高运动员的心肺功能和耐力水平。这种训练能够延长运动员的持久力，使其能够在比赛中保持较长时间的高强度活动。

（2）速度训练

教练员通过短跑、爆发力训练等方式，提高运动员的爆发力和速度水平。这种训练能够使运动员在比赛中能够迅速反应和快速移动，增强其比赛中的攻击性和竞争力。

（二）培养心理素质

在运动训练中，培养运动员的心理素质至关重要，这直接影响着他们在比赛中的表现和成绩。心理素质包括了对压力的应对能力以及自信心的培养，这两个方面在运动员的心理训练中占据着重要的位置。

1. 压力应对能力

压力是运动员在比赛中难以避免的心理状态，而良好的压力应对能力则能帮助运动员更好地应对各种挑战，发挥出最佳水平。

（1）模拟比赛情境

教练员通过模拟比赛情境的训练，可以使运动员在训练中逐渐适应比赛的紧张氛围和压力，增强其在真实比赛中的应对能力。

（2）心理疏导

运动心理咨询师或教练员可以通过心理疏导的方式帮助运动员解决心理问题，释放压力。这包括对运动员的情绪进行调节和引导，使其能够保持良好的心态。

2. 自信心培养

自信心是运动员在比赛中取得成功的重要因素之一，良好的自信心能够帮助运动员更好地克服挑战，发挥出最佳水平。

（1）成功经验的积累

教练员通过在训练和比赛中取得成功的经验，可以逐渐积累运动员的自信心。这些成功经验可以让运动员相信自己的能力，从而更加自信地面对各种挑战。

（2）心理训练

运动心理咨询师或教练员通过积极的心理暗示和训练，可以增强运动员对自己能力的信心，使其在比赛中更加从容和自信。

（三）培养综合素质

在运动训练中，除了技能和体能的提升外，培养运动员的综合素质也是至关重要的。这包括了团队精神、自律意识和意志品质等方面的培养，这些素质不仅影响着运动员在比赛中的表现，也对其长期发展和个人品格的塑造具有重要意义。

1. 团队精神

团队精神在团体项目中尤为重要，它体现了团队成员之间的合作意识和团结协作的精神。通过运动训练，可以培养运动员的团队合作意识和团队精神，使其在比赛中更好地配合队友，实现团队的整体目标。

（1）合作训练

教练员通过团队合作的训练项目，如团体配合训练、对抗训练等，可以促进队员之间的交流与合作，增强团队凝聚力和协作能力。

（2）领导力培养

在团队中，培养运动员的领导力也是很重要的。通过担任队长、组织团队活动等方式，可以培养运动员的领导能力，提高团队的整体凝聚力和战斗力。

2. 自律意识

自律意识是运动员必备的素质之一，它体现了运动员对自己的要求和对训练计划的严格执行程度。教练员通过严格的训练计划和要求，可以培养运动员的自律意识，使其能够遵守纪律、保持良好的训练习惯，为长期发展奠定基础。要求运动员按时按量完成训练任务，不偷懒、不拖延，培养其严格的自律意识和良好的训练习惯。此外，除了训练计划外，还要求运动员保持规律的生活作息，合理安排休息和饮食，使其能够保持良好的身体状态和精神状态。

3. 意志品质

意志品质是运动员在面对困难和挑战时坚韧不拔、永不放弃的品质，它对于克服困难、迎接挑战至关重要。运动训练中的艰苦训练和挑战可以锻炼运动员的意志品质，培养其坚韧不拔、永不放弃的品质，为其未来的发展打下坚实的基础。

（1）艰苦训练的磨炼

在训练中设置一些艰苦的训练项目和挑战，使运动员在面对困难时能够坚持不懈，锻炼其意志品质。

（2）挑战赛事的应对

参加一些有一定难度和挑战性的比赛和赛事，让运动员在竞技中体验挑战和压力，锻炼其应对挑战的能力和意志品质。

第二节　运动训练的生理学基础

一、运动生理学的基本理论与应用

（一）运动生理学概述

1. 运动生理学的定义

运动生理学是一门学科，其研究对象是运动对人体生理功能的影响以及运动适应机制。这一学科涵盖了多个方面，包括但不限于能量代谢、心血管系统、呼吸系统和神经系统。通过对这些生理学理论的深入研究，可以更好地理解人体在运动过程中的各种生理变化和适应过程。

能量代谢是运动生理学的重要研究内容之一。在运动过程中，人体需要能量来维持肌肉运动和各种生理功能。了解能量代谢的原理和规律，有助于制定合理的饮食和补充能量的策略，从而确保运动员有足够的能量支持训练和比赛。

心血管系统在运动生理学中也占据着重要地位。运动会对心脏、血管和循环系统产生直接影响，包括心率、血压、血液循环等方面的变化。了解这些变化以及心血管系统的适应机制，可以指导有氧和无氧运动的训练安排，帮助运动员提高心血管耐力和适应能力。

呼吸系统在运动过程中也扮演着重要的角色。通过呼吸，人体摄取氧气并排出二氧化碳，维持机体的氧气供应和酸碱平衡。了解呼吸系统的变化以及呼吸调节机制，可以指导呼吸训练的实施，帮助运动员提高呼吸效率和延缓疲劳。

神经系统也是运动生理学研究的重要内容之一。神经系统在运动中发挥着调节和控制肌肉活动的作用。了解神经系统的活动规律可以指导运动技能的训练，帮助运动员提高运动控制和协调能力。

2.运动生理学的主要内容

作为一门综合性学科，运动生理学涵盖了多个方面的研究内容，包括能量代谢、心血管系统、呼吸系统和神经系统等。深入研究这些方面的内容，有助于我们更好地理解运动对人体的生理功能产生的影响以及运动适应的机制。

（1）能量代谢

能量代谢是运动生理学中的重要研究内容之一。它涉及有氧代谢和无氧代谢两种类型，以及不同强度和持续时间的运动对能量代谢的影响。了解能量代谢的原理和规律，有助于我们制定合理的饮食计划和补充能量的策略，以满足运动员在训练和比赛中的能量需求。

（2）心血管系统

心血管系统在运动生理学中也占据着重要的地位。研究运动对心脏、血管和循环系统的影响，以及心血管适应机制，有助于我们更好地了解运动对心血管健康的影响，指导运动训练的安排和心血管健康的维护。

（3）呼吸系统

呼吸系统在运动过程中也扮演着重要的角色。研究运动对肺部功能和呼吸系统的影响，以及呼吸调节机制，有助于我们更好地理解运动对呼吸系统的影响，并指导呼吸训练的实施，提高运动员的呼吸效率和耐力。

（4）神经系统

神经系统在运动中发挥着重要的调节和控制作用。研究运动对神经元活动、神经递质释放和运动控制的影响，有助于我们更好地了解运动对神经系统的影响，并指导运动技能的训练，提高运动员的运动控制和协调能力。

（二）运动生理学在训练中的应用

运动生理学作为运动训练中的重要支撑学科，在指导和优化训练方案中发挥着至关重要的作用。其理论知识和实践应用不仅能帮助教练和运动员更好地理解身体在运动中的变化过程，而且能为训练的科学性和有效性提供坚实的理论基础。

1. 运动生理学知识的重要性

运动生理学的重要性在于它为运动训练提供了科学的基础和理论支持。这一学科研究的是运动对人体生理功能的影响以及运动适应机制，涉及多个方面，如能量代谢、心血管系统、呼吸系统、神经系统等。运动生理学的知识对于教练和运动员来说至关重要，因为它深刻影响着训练计划的设计和实施。

第一，了解运动生理学有助于理解身体在运动中的变化过程。通过研究能量代谢、心血管系统的功能等，人们可以更清晰地认识到运动对身体的影响，包括运动时产生的能量需求、心脏的工作强度、肌肉对氧气和营养的需求等。这样的认识使得教练和运动员能够更深入地理解训练的目的和意义，从而更有针对性地制定训练计划。

第二，掌握运动生理学知识有助于提高训练的科学性和有效性。了解身体在运动中的生理变化，可以帮助教练合理地安排训练内容和强度，以确保运动员在训练中得到最大的益处同时避免过度训练导致的伤害。例如，根据心血管系统的适应机制调整有氧和无氧运动的比例，可以更有效地提高心血管耐力和适应能力。

第三，深入了解运动生理学知识有助于调整训练内容和方法，以最大限度地提高训练效果。通过了解肌肉力量和耐力的提高对运动表现的影响，可以针对性地设计力量训练和耐力训练方案；通过了解运动协调性的提高对技术水平的影响，可以加强技术训练并改进训练方法。这样的调整和优化能够使训练更加科学、有效，为运动员的提高竞技水平提供了有力的支持。

2. 心血管系统的应用

心血管系统在运动中的应用极为重要，因为它直接关系到运动员在长时间运动中的耐力和适应能力。了解心血管系统的适应机制能够为有氧和无氧运动的训练提供科学依据，从而更有效地提高运动员的心血管耐力和适应能力。

首先，对心血管系统的了解有助于指导有氧运动的训练安排。有氧运动是通过氧气的参与来产生能量的运动形式，如长跑、游泳等。在有氧运动中，心血管系统承担着供应氧气和营养物质的重要任务。了解心血管系统在有氧运动中的适应机制，可以指导训练安排，如逐渐增加运动强度和持续时间，以适应心血管系统的负荷，提高心血管耐力和适应能力。

其次，对心血管系统的适应机制的了解也对无氧运动的训练安排至关重要。

无氧运动是在没有氧气参与的情况下产生能量的运动形式，如举重、短跑等。在无氧运动中，心血管系统同样起着重要作用，虽然不像有氧运动那样需要大量供氧，但心血管系统仍然需要在短时间内迅速适应运动的需求。了解心血管系统的适应机制可以指导训练安排，如控制训练强度和休息时间，以提高心血管系统对高强度运动的适应能力，延缓疲劳的发生，从而使运动员能够在比赛中保持更长时间的高水平表现。

最后，总的来说，心血管系统的应用对于运动员的训练和竞技表现至关重要。通过深入了解心血管系统在运动中的适应机制，可以更科学地制定有氧和无氧运动的训练计划，提高运动员的心血管耐力和适应能力，为他们在比赛中保持更长时间的高水平表现提供有力支持。

3. 呼吸系统的应用

呼吸系统在运动中扮演着至关重要的角色，直接影响到运动员的氧气摄入和二氧化碳排出，从而影响了体内氧气供应和代谢产物的清除。了解呼吸系统在运动中的变化可以为运动员提供更有效的呼吸训练方案，帮助他们提高呼吸效率、延缓疲劳，并在比赛中保持更高水平的表现。

第一，呼吸系统在运动中的适应包括呼吸频率和肺活量的增加。随着运动强度的增加，呼吸频率会相应增加，以满足身体对氧气的需求。此外，运动还会促进肺活量的增加，即肺部能够吸纳更多氧气并排出更多二氧化碳，从而提高了氧气的交换效率，延缓了疲劳的发生。

第二，了解呼吸系统在运动中的变化可以指导呼吸训练的实施。通过针对性的呼吸训练，可以增强呼吸肌肉的力量和耐力，提高肺活量，改善呼吸节律，从而使呼吸更加高效稳定。例如，深呼吸、缓慢呼吸和鼻呼吸等技术可以帮助运动员更有效地吸入氧气，增加血氧含量，减少二氧化碳潴留，延缓疲劳。

第三，呼吸系统的优化对于运动员在比赛中的表现至关重要。在高强度的运动中，呼吸系统的效率直接影响着氧气的输送和利用，进而影响着肌肉的工作能力和耐力。通过呼吸训练的实施，运动员可以提高呼吸系统的适应能力和效率，延缓疲劳的发生，使其能够在比赛中保持更高水平的表现，从而获得更好的成绩。

总之，了解呼吸系统在运动中的变化以及如何进行有效的呼吸训练，对于提高运动员的表现具有重要意义。通过科学的呼吸训练方案，运动员可以提高呼吸效率，延缓疲劳，从而在比赛中取得更好的成绩。

4.神经系统的应用

神经系统在运动中的应用至关重要，它直接影响着运动技能的控制和协调，对于运动员在比赛中的表现起着关键作用。了解神经系统的活动规律能够指导运动技能的训练，帮助运动员提高运动控制和协调能力，从而在比赛中更加灵活和高效地应对各种情况。

第一，神经系统在运动技能的控制中扮演着关键角色。运动技能的实现离不开神经系统的精密调控，它通过传递神经冲动来控制肌肉的收缩和放松，从而实现各种运动动作。了解神经系统的活动规律，包括神经元的兴奋传导、神经递质的释放等过程，可以帮助教练和运动员更好地理解运动技能的执行机制，有针对性地进行技能训练。

第二，神经系统对运动协调能力的培养也具有重要意义。运动协调能力是指身体各部位之间协调配合完成运动动作的能力，它涉及神经系统对肌肉活动的调控和整合。通过针对性地协调训练，如平衡训练、节奏训练等，可以加强神经系统对肌肉活动的精确调控，提高运动员的协调能力和动作稳定性。

第三，了解神经系统的活动规律还可以帮助运动员提高反应速度和运动反应能力。神经系统对于运动中的快速反应和动作调整至关重要，它能够使运动员更加灵活地应对比赛中的突发情况。通过专门的神经系统训练，如反应训练、速度训练等，可以提高神经系统的适应能力和反应速度，使运动员在比赛中更加机敏和果断。

二、运动训练对身体生理机能的影响

（一）心肺功能的改善

1.心脏功能的提升

（1）心肌收缩能力的增强

运动训练通过有氧运动可以显著提高运动员的心脏功能，其中包括了心脏的收缩能力增强。有氧运动使得心脏在运动中得到更好的锻炼，通过增加心肌的收缩力量，促进了心脏的健康发展，增强了心脏的适应能力。

（2）心肌供血能力的提高

运动训练还可以提高心肌的供血能力。通过有氧运动，心脏的血管网络会得到更好地发展，血液循环更加畅通，从而提高了心肌的供血能力。这使得心脏在运动中能够更有效地获得氧气和营养物质，提高了其工作效率。

2.呼吸系统的改善

（1）肺活量的增加

运动训练不仅可以改善心脏功能，也可以改善呼吸系统的功能。有氧运动促进了肺部的气体交换，增加了肺活量。这意味着运动员的肺部能够吸入和释放更多的气体，增加了氧气的吸收量，有助于提高运动员的耐力和持久力。

（2）肺通气量的增加

除了肺活量的增加，运动训练还可以增加肺通气量。这意味着运动员在运动中可以更快地吸入新鲜空气，将氧气输送到身体各部位，同时更有效地排出体内的二氧化碳。这种改善了肺部功能的效果，有助于提高氧气输送到组织的效率，从而延缓疲劳的发生。

（二）肌肉力量和耐力的提高

1.肌肉力量的增强

（1）系统的力量训练

运动训练通过系统的力量训练可以显著提高运动员的肌肉力量。这种训练方式通过重复使用肌肉来提高其力量和耐力。力量训练刺激肌肉纤维，导致肌肉组织的增长和适应，从而增加了肌肉的最大收缩力。这不仅能降低运动员受伤的风险，还能提高运动员在比赛中的成绩。

（2）肌肉纤维的增长

通过系统的力量训练，肌肉纤维得到更多的刺激和增长。这种增长不仅使肌肉更为强壮，还增加了其横截面积，提高了肌肉的最大收缩力。这样，运动员在进行爆发性动作时能够更加有效地利用肌肉力量，提高了运动表现的水平。

2.肌肉耐力的增加

（1）系统的耐力训练

除了力量训练，耐力训练也是提高运动员表现的重要手段。通过系统的耐力训练，可以增加肌肉的耐力，延缓肌肉疲劳的发生。这种训练方式强调持续性的肌肉使用，让肌肉适应长时间的运动负荷，从而提高了肌肉的耐力。

（2）延缓疲劳的发生

通过耐力训练，肌肉的耐力得到了增强，使得运动员能够在长时间内保持较高水平的运动能力。这意味着即使在长时间的比赛或训练中，运动员也能够保持较高水平的表现，而不会过早地感到肌肉疲劳，从而取得更好的成绩。

（三）运动协调性的提高

1.通过反复练习与技术精进

（1）系统的技术训练

运动训练通过系统的技术训练可以显著提高运动员的运动协调性。这种训练方式着重于运动员对特定运动技能的练习和掌握。通过反复练习，运动员能够加深对动作技能的理解和掌握程度，提高动作的准确性和稳定性。例如，在足球训练中，球员通过反复练习传球、带球、射门等技术动作，能够提高其在比赛中的技术水平和表现效果。

（2）神经系统和肌肉系统的协调配合

技术训练还能促进神经系统和肌肉系统的协调配合。通过技术训练，运动员能够加强神经系统对肌肉运动的控制和调节能力，提高肌肉的协调性和配合度。这使得运动员能够更加流畅地完成各项运动动作，在比赛中表现出更高的技术水平和更优秀的运动能力。

2.运动协调性对竞技表现的提升作用

（1）提高技术水平

运动协调性的提高对于运动员的比赛表现具有直接影响。通过技术训练，运动员能够提高其运动技术水平，更加熟练地掌握各项运动技能。这使得他们在比赛中能够更加灵活地运用各种技术手段，更有效地应对比赛中的各种挑战，从而提高了比赛的竞争力。

（2）增强自信心

技术训练还能增强运动员的自信心。通过不断练习和训练，运动员能够逐渐提高对自己技术水平的信心和自信心。这种自信心使得运动员在比赛中能够更加从容地面对各种情况，更加果断地采取行动，提高了其比赛的稳定性和可靠性。

3. 训练方法和效果评估

（1）综合训练方法

为了提高运动员的运动协调性，需要采用综合的训练方法。这包括技术训练、对抗训练、模拟比赛训练等多种形式的训练方式。通过这些训练方法的综合运用，可以全面提高运动员的运动协调性，使其在比赛中能够更加全面地发挥自己的潜力。

（2）效果评估与调整

在训练过程中，需要对运动员的运动协调性进行定期评估和调整。通过对比赛录像、技术测试等手段，对运动员的表现进行评估和分析，及时发现问题并进行针对性地调整和改进。这有助于保持训练的科学性和有效性，最大限度地提高运动员的运动协调性。

第三节　运动训练的心理学基础

一、运动心理学理论概述

（一）运动心理学的定义和范畴

运动心理学是一门研究运动员在运动过程中心理活动规律及其对运动行为和运动成绩的影响的科学。其研究范畴涵盖了广泛而深刻的心理因素，旨在全面理解运动过程中个体的心理状态、行为特征以及心理因素对运动表现的影响。在运动心理学的研究中，我们不仅关注个体心理状态的变化，还致力于探究心理因素对运动技能和竞技表现的作用机制。

首先，在运动心理学的研究范畴中，我们关注的是个体的动机。动机是驱动个体参与运动活动的内在力量，包括内在动机（如个体的兴趣、乐趣）和外在动机（如奖励、认可）。运动心理学致力于理解运动员不同动机类型对运动行为和表现的影响，以及如何激发和维持运动员的积极动机。

其次，情绪是运动心理学的另一个重要领域。情绪在运动过程中起着重要的调节作用，包括积极情绪（如兴奋、愉悦）和消极情绪（如焦虑、紧张）。运动心理学致力于理解不同情绪状态对运动员行为和表现的影响，以及如何调节情绪以提高运动表现。

注意力是运动心理学研究的又一个重要方面。注意力是运动员在运动过程中集中注意力的能力，对技术执行和比赛环境的感知至关重要。运动心理学通过研究不同类型的注意力以及注意力分配的方式，探讨如何提高运动员的注意力水平，从而提高运动表现的质量和效果。

最后，自信心也是运动心理学研究的一个重要内容。自信心是运动员对自己能力的信心和信念，对运动表现和成就具有重要影响。运动心理学研究通过探讨自信心的来源、建立和维持方式，帮助运动员培养和增强自信心，从而提高竞技表现的稳定性和水平。

（二）主要理论框架

运动心理学的理论框架构建在多个重要理论基础之上，这些理论提供了深刻地理解和解释运动员心理活动的方式。

1.动机理论

动机理论是运动心理学的重要基石之一，探讨了个体参与运动的动机来源和影响因素。这些理论试图解释为什么人们会选择参与运动活动以及他们在运动中的行为表现。其中包括：

（1）成就动机理论

提出了个体通过不断追求目标和成就来获得满足感和自我肯定的动机。这一理论认为，运动员的动机往往源自对取得优异成绩的渴望和追求。

（2）社会认可理论

强调了个体渴望得到社会认可和赞赏的心理动机。运动员可能会受到他人的评价和认可而受到激励，从而更积极地参与运动和努力提高自己的表现。

2.情绪理论

情绪理论关注个体在运动过程中产生的情绪变化及其对运动表现的影响。这些理论试图解释情绪是如何影响运动员的行为和表现的。主要的情绪理论包括：

（1）焦虑理论

认为焦虑是一种消极情绪，可能会影响运动员的注意力、决策和执行能力，从而降低其竞技表现水平。

（2）兴奋理论

指出兴奋是一种积极的情绪状态，可以增强运动员的专注力和动力，提高其竞技表现水平。

3. 注意力理论

注意力理论关注个体在运动中的注意力分配和集中程度，以及注意力对技能表现和学习的影响。这些理论试图解释个体如何在运动中处理信息和控制注意力。主要的注意力理论包括：

（1）宽度和深度理论

指出在运动中，个体需要合理地调节注意力的宽度和深度，以适应不同的运动任务和环境。

（2）注意力控制理论

强调了个体在运动中对注意力的主动控制和调节，以实现最佳的表现水平。

4. 自信心理论

自信心理论探讨了个体对自己能力的信心程度，以及自信心对运动表现和心理状态的影响。这些理论试图解释自信心如何影响运动员的动机、情绪和表现。主要的自信心理论包括：

（1）自我效能理论

认为个体对于自己能力的信心水平会影响其在运动中的努力程度和表现水平。

（2）自我概念理论

强调了个体对自己能力和价值的认知，以及这种认知如何影响其运动行为和表现。

（三）应用于运动训练的重要性

运动心理学的理论对于运动训练的重要性不可忽视，不仅帮助运动教练更好地了解运动员的心理状态和行为模式，还为设计有效的心理训练方案提供了指导和支持。在运动训练中，个体的心理素质往往对训练效果和比赛表现起着至关重要的作用。以下是运动心理学理论在运动训练中的重要性所体现的几个方面：

第一，运动心理学理论帮助教练了解运动员的心理特点和需求。不同的运动员可能在动机、情绪、注意力、自信心等方面存在差异，而这些因素对于他们的训练和比赛表现具有重要影响。通过运用运动心理学理论，教练可以更好地理解运动员的个体差异，因地制宜地设计个性化的训练方案，有针对性地解决运动员的心理问题。

第二，运动心理学理论指导着心理训练的实施。在运动训练中，不仅需要重视身体素质的提高，还需要关注运动员的心理素质的培养。运动心理学理论为心理训练提供了多种方法和策略，包括认知重建、情绪调节、专注力训练、自信心培养等，这些方法和策略能够帮助运动员克服焦虑、提高专注力、增强信心，从而在比赛中发挥出更好的水平。

第三，运动心理学理论还指导着比赛中的心理调节和应对策略。在比赛中，运动员面临着各种各样的心理压力和挑战，如比赛焦虑、自我怀疑、失误处理等。了解运动心理学理论，运动员可以学会有效的心理调节技巧，如放松技巧、情绪调节技巧、自我暗示技巧等，以应对比赛中的各种困难和挑战，保持良好的竞技状态。

二、运动心理素质对训练效果的影响

（一）心理素质的定义和重要性

心理素质是指个体在面对挑战和压力时表现出的心理状态和能力。它包括了个体的认知、情绪和行为等方面，同时也反映了个体对外界刺激的反应方式及其适应能力。换言之，心理素质是一个综合性的概念，涵盖了个体心理活动的各个方面。

1. 心理素质的构成要素

（1）认知能力

认知能力是心理素质的核心组成部分，它指个体处理信息、理解知识和解决问题的能力。具有良好认知能力的个体往往能够更快、更准确地获取信息，做出正确的决策。认知能力包括多个方面，如注意力、记忆力、思维能力等。

①注意力：注意力是认知能力中至关重要的一环，它决定了个体对外界信息的关注程度和集中程度。具有良好注意力的个体能够更有效地筛选信息、专注于任务，从而提高工作和学习效率。

②记忆力：记忆力是个体获取、储存和回忆信息的能力。良好的记忆力不仅有助于个体学习和工作，还能够提高解决问题的效率和准确性。

③思维能力：思维能力是指个体对信息进行加工、分析和综合的能力。具有良好思维能力的个体能够更快速地理清问题的逻辑关系，从而更好地解决问题。

提升认知能力需要个体系统的认知训练，如阅读、思维导图、问题解决等活动，以提高个体的注意力、记忆力和思维能力，从而增强其认知水平和解决问题的能力。

（2）情绪稳定性

情绪稳定性反映了个体情绪波动的程度。具有稳定情绪的个体在面对挑战和压力时能够保持冷静、沉着，不易受外界环境的影响。情绪稳定性与心理健康密切相关，主要包括以下几个方面。

①情绪调节：情绪稳定的个体能够更好地调节自己的情绪，及时应对外界的刺激，避免情绪波动过大带来的负面影响。

②应对挫折：具有良好情绪稳定性的个体往往能够更好地应对挫折和失败，不会因为一次挫折而失去信心，而是能够以更加积极的态度面对困难。

③压力管理：情绪稳定的个体能够更好地管理压力，不会因为外界压力而产生过度的焦虑和紧张，而是能够保持冷静、理性地应对挑战。

情绪稳定性的提升需要个体进行情绪调节和应对压力的训练，如放松技巧、情绪管理等，以提高个体的情绪调节能力和应对压力的能力，从而保持情绪的稳定性。

（3）应对压力的能力

应对压力的能力是个体应对挑战和压力的能力，包括应对挫折的能力、自我调节的能力等。具有良好的应对压力能力的个体往往能够在面对困难时保持乐观、积极的态度，勇敢面对挑战，具有以下几个方面的特点。

①适应性：具有良好应对压力能力的个体能够灵活应对各种挑战和变化，不会因为外界环境的变化而产生过度的焦虑和恐慌。

②韧性：面对挑战和困难，他们能够坚持不懈，不轻易放弃，保持乐观的态度，并寻找解决问题的办法。

③积极应对：具有良好应对压力能力的个体能够主动应对挑战，采取积极的行动来解决问题，而不是被动地等待事情好转。

提升应对压力的能力需要个体进行应对压力的训练，如心理调适、问题解决等，以提高个体的心理韧性和应对挑战的能力，从而更好地面对生活和工作中的各种困难。

（4）社会适应能力

社会适应能力指个体在社会交往和人际关系中的表现。具有良好社会适应能力的个体能够更好地与他人沟通合作，建立良好的人际关系，具有以下几个方面的特点。

①沟通能力：具有良好社会适应能力的个体能够有效地与他人沟通交流，表达自己的想法和观点，建立良好的沟通关系。

②合作精神：他们能够主动与他人合作，分享资源和信息，共同完成任务，促进团队的凝聚力和合作效率。

③冲突处理：具有良好社会适应能力的个体能够有效地处理人际关系中的冲突和挑战，以成熟、理性的态度解决分歧，维护良好的人际关系。

2.心理素质的重要性

心理素质在个体的生活和发展中具有至关重要的作用。

首先，它充当着个体面对挑战和压力的重要保障。面对生活中的各种困难和挑战，一个具备良好心理素质的个体能够更加从容地应对，不轻易被挫折击倒，而是保持积极、乐观的态度，努力克服困难，寻找解决问题的途径。

其次，心理素质直接影响个体的心理健康和幸福感。一个拥有良好心理素质的个体往往更能够享受生活、感受到生活的美好，因为他们能够更好地调节情绪，保持心理平衡，面对挑战时不易产生过度的焦虑和压力。他们更有能力从困境中找到希望，积极面对未来，这种积极的心态也将促进个体的心理健康和幸福感的提升。因此，心理素质的培养和提升不仅是个体发展过程中的重要任务，也是保障个体心理健康和幸福感的关键因素。通过系统的心理训练和积极的心理调适，个体可以逐渐培养出良好的心理素质，从而更好地适应生活的各种挑战，享受更加美好、幸福的生活。

（二）心理素质对竞技表现的影响

1.自信心对竞技表现的影响

自信心是运动员在比赛中取得成功的重要心理因素之一。具有良好自信心的运动员往往更能够克服困难和挑战，以积极的态度面对比赛。他们相信自己的能力，敢于冲锋陷阵，在困境中保持乐观，不轻易放弃。因此，自信心的提高可以直接促进运动员在比赛中的表现，增强其竞技实力。

（1）自信心的来源与培养

①过往成功经验：运动员通过过往的成功经验积累自信心，这些成功经验可以增强其对自身能力的信心，提高其在比赛中的表现。

②专业训练和准备：充分的专业训练和准备可以增强运动员的自信心，他们知道自己已经为比赛做好了充分的准备，有能力面对各种挑战。

③心理训练：运动员可以通过心理训练来提高自信心，如自我暗示、正向思维训练等，从而增强其在比赛中的信心和表现。

（2）自信心对竞技表现的影响

①积极态度与决心：具有自信心的运动员往往保持积极的态度和坚定的决心，他们相信自己能够克服困难，战胜对手，从而更加努力地奋斗。

②抗压能力：自信心可以提高运动员的抗压能力，使其在比赛中面对挑战和压力时更加从容自信，不会因为压力而产生恐慌或紧张。

③更好地表现：具有良好自信心的运动员往往能够更好地发挥自己的技术水平和战术意识，在关键时刻表现更加出色。

2.稳定的情绪对竞技表现的影响

情绪稳定是运动员在比赛中保持心理平衡的关键。在激烈的比赛环境下，情绪波动往往会影响到运动员的表现。具有稳定情绪的运动员能够更好地应对外界的压力和干扰，保持冷静的头脑和清晰的思维，从而更好地发挥自己的技术水平和战术意识。

（1）情绪稳定的维持与培养

①情绪管理技巧：运动员可以通过学习情绪管理技巧来维持情绪的稳定，如深呼吸、放松训练等，以减轻比赛中的紧张和压力。

②心理调适：运动员可以通过心理调适来培养情绪的稳定，如正向自我暗示、积极思维训练等，以保持心态平衡。

③团队支持与交流：运动员可以通过与团队成员和教练的支持和交流来缓解压力，从而维持情绪的稳定。

（2）情绪稳定对竞技表现的影响

①决策和执行能力：具有稳定情绪的运动员能够保持清晰的头脑，做出准确的决策，并能够高效地执行技术动作。

②应对挑战能力：稳定情绪的运动员更能够应对比赛中的挑战和困难，不会因为外界的干扰而影响到自己的表现。

③减少失误：情绪稳定的运动员在比赛中更加集中注意力，减少因情绪波动而导致的失误，从而提高比赛的成功率。

3. 注意力集中能力对竞技表现的影响

注意力集中能力是影响运动员在比赛中保持专注和高效执行技术动作的重要因素。在激烈的比赛中，运动员需要随时保持对比赛局势和对手动态的观察，及时作出反应。具有良好注意力集中能力的运动员能够更好地控制自己的情绪，保持高度集中的注意力，避免因分心而造成的失误，从而提高竞技表现水平。

（1）注意力集中能力的培养与提高

①注意力训练：运动员可以通过各种形式的注意力训练来提高注意力集中能力，如专注力训练、反应速度训练等，以增强在比赛中的专注力和反应速度。

②注意力调控：运动员可以通过注意力调控来保持注意力的稳定和持久，如注意力调节技巧、注意力分配训练等，以提高在比赛中的注意力水平。

③心理放松技巧：运动员可以通过心理放松技巧来降低焦虑和紧张情绪，以帮助保持注意力集中，如呼吸调节、肌肉放松等。

（2）注意力集中能力对竞技表现的影响

①技术执行准确性：具有良好注意力集中能力的运动员能够更准确地执行技术动作，不会因为分心而导致技术失误，从而提高比赛的成功率。

②对局势和对手的观察：注意力集中能力强的运动员能够更好地观察比赛局势和对手的动态，及时作出反应和调整战术，以应对不同的比赛情况。

③持续高效的表现：具有良好注意力集中能力的运动员能够在比赛中保持持续高效的表现，不会因为疲劳或压力而分散注意力，从而保持竞技状态的稳定性和持久性。

（三）心理训练的重要性

心理训练是指通过科学有效的方法和手段，对运动员的心理素质进行系统地培养和训练，旨在提高运动员的心理适应能力、竞技表现水平和比赛成绩，为其取得成功提供必要的心理支持和保障。心理训练的目标是通过针对性的训练方法，帮助运动员克服焦虑、压力等负面情绪，增强自信心，提高专注力和心理抗压能力，以应对比赛中的各种挑战，从而实现在竞技体育中更好的表现。

1.心理训练的方法

（1）自我调节训练

自我调节训练是一种重要的心理训练方法，旨在通过对运动员的自我认知和情绪调节能力进行培养，以帮助运动员更好地理解和控制自己的情绪反应，从而应对比赛中的压力和挑战。在运动竞技中，面对各种挑战和压力，运动员的情绪状态常常是决定其竞技表现的重要因素之一。因此，通过自我调节训练，运动员可以学会更加有效地管理自己的情绪，保持良好的心态，从而提高竞技表现水平。

自我调节训练主要包括以下几个方面的技巧和方法。

首先，是认知重建。这一部分的训练旨在帮助运动员重塑其对事物的认知方式，改变消极、负面的思维模式，培养积极、乐观的心态。通过认知重建，运动员可以学会正视挑战，从积极的角度去看待问题，增强自己的信心和勇气，从而更好地应对比赛中的压力和困难。

其次，是情绪调节。情绪调节是自我调节训练的核心内容之一，旨在帮助运动员学会更加有效地管理自己的情绪。这包括情绪的识别、表达和调节。通过情绪调节训练，运动员可以学会如何在压力下保持冷静，如何在挫折面前保持乐观，如何在成功时保持谦虚，以及如何在失败时不气馁。情绪调节训练使运动员能够更加理性地对待比赛中的各种情绪体验，从而更好地控制自己的情绪状态，提高竞技表现水平。

最后，自我调节训练还包括其他一些技巧和方法，如注意力调节、行为调节等。通过这些训练，运动员可以学会如何集中注意力、保持专注，以及如何控制自己的行为反应，使其在比赛中更加沉着冷静，不受外界干扰影响，从而提高竞技表现的稳定性和可预测性。

（2）放松训练

放松训练是一种重要的心理训练方法，通过深呼吸、放松冥想等技术手段，帮助运动员在比赛前后保持心理平衡和放松状态，减少焦虑和紧张情绪的影响，从而提高比赛的心理素质和竞技表现水平。在运动竞技中，情绪的稳定和放松是取得成功的重要因素之一。由于比赛环境的紧张和压力，运动员往往容易陷入焦虑和紧张的情绪状态，影响到其竞技表现。因此，通过放松训练，运动员可以学会如何在比赛前后有效地放松自己的身心，保持心理平衡和放松状态，从而更好地发挥自己的潜力，取得更好的比赛成绩。

放松训练的核心内容包括深呼吸和放松冥想。深呼吸是一种简单而有效的放松技巧，通过深吸气和缓慢地呼气，可以有效地缓解身体和心理的紧张状态，帮助运动员放松身心，恢复平静。另外，放松冥想是一种通过专注呼吸、身体感知和放松想象等方式，帮助运动员深度放松身心、减少杂念，达到心理平静和放松的训练方法。通过这些放松技巧的训练，运动员可以在比赛前进行有效的心理准备，保持放松和镇定的状态，减少紧张和焦虑情绪的影响，从而更好地投入到比赛中去。

放松训练还包括其他一些放松技巧和方法，如渐进式肌肉放松、身体放松体操等。通过这些放松练习，运动员可以进一步放松身体的肌肉紧张，减少身体的不适感，提高身心的舒适度和放松度。这些放松技巧的应用不仅可以帮助运动员在比赛前保持心理状态的平衡和放松，还可以在比赛间隙或结束后帮助运动员快速恢复体力和心理能量，为下一场比赛做好充分的准备。

（3）注意力训练

注意力训练是一种关键的心理训练方法，旨在通过一系列的训练活动，如注意力训练游戏和注意力转移练习等方式，帮助运动员提高注意力集中能力和反应速度，以便更好地应对比赛中的各种情境和变化。在竞技体育中，注意力的集中和灵敏度对于运动员的表现至关重要。由于比赛环境的复杂性和变化性，运动员需要在瞬息万变的情况下保持高度集中的注意力，及时作出反应，以保证自己的竞技表现水平。

注意力训练的核心在于提高运动员的注意力集中能力。这包括训练运动员在面对外界干扰和压力时，能够有效地将注意力集中在比赛的关键要素上，避免分心和失误。通过注意力训练游戏，运动员可以锻炼自己的专注力和注意力持久力，提高在比赛中保持注意力集中的能力。同时，注意力转移练习也是非常重要的，它可以帮助运动员在比赛中快速调整注意力的焦点，及时作出反应，从而更好地应对比赛中的变化和突发情况。

注意力训练还有助于提高运动员的反应速度。在快节奏的比赛中，反应速度往往直接影响着运动员的表现。通过注意力训练，运动员可以提高自己对外界刺激的敏感度，加快反应的速度，使其能够更快地做出正确的决策和动作，从而在比赛中占据先机，取得更好的成绩。

2.心理训练的效果

经过系统的心理训练，运动员的心理素质可以得到有效提高。这种提高主要表现在以下几个方面：

（1）自信心的增强

自信心的增强是心理训练中的一个重要目标，对于运动员在比赛中的表现和成绩具有显著影响。经过心理训练后，运动员往往会在心理素质上得到显著提升，其中自信心的增强尤为突出。自信心是指运动员对自己能力和表现的坚定信念，是一种积极的心态和信心的体现。通过心理训练，运动员可以更深入地了解自己的实力和潜力，从而建立起更加稳固和积极的自信心。

心理训练通过一系列科学有效的方法和技巧，帮助运动员克服负面的自我评价和不确定感，树立起积极、坚定的信念。这包括认知重建、积极心理暗示、成功体验回顾等方式。通过认知重建，运动员学会从积极的角度看待自己和比赛，树立起自己的信心。积极心理暗示则是通过自我暗示和心理建设，增强运动员对自己能力的信心。成功体验回顾则是通过回顾自己以往的成功经历，加强对自己能力的信心和信念。

在比赛中，自信心的增强使得运动员更加果断和自信地面对各种挑战和困难。他们不会被外界的压力和干扰所左右，而是能够坚定地相信自己的能力，并积极地应对挑战。自信的心态使得运动员更加勇敢，更加敢于冒险，在关键时刻更加果断地作出决策。因此，自信心的增强不仅提升了运动员的心理素质，还直接影响着他们在比赛中的表现和成绩。

（2）情绪稳定性的提升

情绪稳定性的提升是心理训练中一个关键的目标，尤其在竞技体育中，情绪的稳定性对于运动员的表现和成绩至关重要。通过心理训练，运动员可以学会如何更好地控制自己的情绪，保持情绪的稳定，从而减少焦虑和紧张的影响，提高竞技表现水平。

心理训练通过一系列科学有效的方法和技巧，帮助运动员理解和管理自己的情绪。首先，运动员经过训练可以学会情绪识别和情绪表达，即了解自己当前的情绪状态，并学会如何适当地表达和释放情绪。这有助于运动员更好地理解自己的情绪，并及时采取有效的应对措施。其次，心理训练还包括情绪调节的技巧，如深呼吸、放松冥想等，这些技巧可以帮助运动员在面对压力和挑战时保持冷静和平静的心态，减少情绪的波动。最后，心理训练也包括情绪管理的策略，如设定情绪目标、制定情绪计划等，帮助运动员在比赛中更好地控制自己的情绪，保持稳定的心态。

情绪稳定性的提升对于运动员的竞技表现具有重要意义。在比赛中，情绪的稳定性可以帮助运动员更好地应对各种挑战和压力，保持冷静和清晰的头脑，从而更好地发挥自己的技术水平和战术意识。情绪稳定的运动员往往能够更加从容地面对比赛中的困难和挑战，不会轻易受到外界环境的干扰，保持专注和信心，最终取得更好的比赛成绩。

（3）注意力集中能力的改善

注意力集中能力的改善是心理训练中的一个重要目标，在竞技体育中对于运动员的表现至关重要。通过专门的注意力训练，运动员的注意力集中能力和反应速度可以得到显著地提高，使其能够更好地应对比赛中的各种情境和变化。

在注意力训练中，主要的目标是帮助运动员提高注意力的集中程度和持续时间。首先，运动员通过各种注意力训练游戏和练习，学会了如何集中注意力，将注意力集中在比赛的关键要素上。这种训练可以提高运动员在比赛中的专注度，使其能够更加有效地感知和理解比赛中的各种信息。其次，注意力训练也有助于提高运动员的注意力持续时间，使其能够在长时间的比赛中保持高度的注意力水平，不易分心或疲劳。

另外，注意力训练还可以帮助运动员提高反应速度和灵敏度。通过不断地进行注意力转移练习和反应训练，运动员可以加快自己的反应速度，使其能够更快地做出正确的决策和动作，从而在比赛中占据先机。这种训练不仅可以提高运动员在比赛中的竞技表现水平，还可以增强其应对突发情况的能力，提高应变能力和适应能力。

经过注意力训练，运动员不仅可以提高注意力的集中能力和持续时间，还可以增强自己的反应速度和灵敏度，从而在比赛中更加从容、灵活地应对各种情境和变化。这对于提高运动员的竞技表现水平和取得更好的比赛成绩具有重要意义。因此，注意力训练应该成为运动员训练计划中的重要组成部分，以确保他们在比赛中具备足够的竞技实力和应对能力。

（4）团队凝聚力的增强

心理训练在提升团队凝聚力方面发挥着重要作用。通过心理训练，团队成员之间的信任和合作关系得以加强，从而促进了团队凝聚力的形成和增强。这对于整个团队的竞技实力和战斗力具有重要的影响。

第一，心理训练可以帮助团队成员建立更加积极地沟通和互动模式。通过团队内部的情感交流和情绪分享，成员之间能够更深入地了解彼此，建立起更加紧密的联系和信任。这种情感上的联系有助于打破团队内部的隔阂和壁垒，增进团队成员之间的情感共鸣，从而增强了团队的凝聚力。

第二，心理训练也有助于提升团队成员的合作意识和团队意识。通过团队协作训练和团队建设活动，成员们学会了如何相互支持、协调配合，共同应对挑战和压力。这种共同经历和共同努力可以增进团队成员之间的归属感和认同感，使其更加愿意为了团队的利益而努力奋斗，从而促进了团队凝聚力的增强。

第三，心理训练还可以培养团队成员的团队精神和团队责任感。通过团队合作的任务和挑战，成员们学会了如何相互支持、协同合作，发挥出团队的集体智慧和力量。这种团队精神的培养有助于增强团队成员之间的认同感和归属感，形成共同的价值观和目标，进而增强团队的凝聚力。

第四章　高校体育教学中的运动训练方法

第一节　不同项目的运动训练要点

一、田径、游泳等项目的训练重点分析

田径和游泳等项目的训练重点在于技术的精湛和体能的全面发展。这些项目的训练要点根据不同的项目和特点有所不同。

（一）田径项目的训练要点分析

田径项目作为一项综合性的体育项目，涉及短跑、中跑、长跑、跳高、跳远、铅球、标枪、十项全能等多个项目。针对不同项目，其训练要点有所不同，主要包括提高爆发力、速度、耐力、技术细节等方面。以下是对各个项目要点分析和具体内容。

1. 短跑项目

短跑是田径项目中最需要爆发力和速度的项目之一。其训练要点包括：

（1）提高爆发力

爆发力是短跑项目的核心要素之一。通过爆发力训练，包括起跑练习、爆发力训练器材的运用等，可以提高选手的起跑速度和加速能力。

（2）技术细节的完善

短跑起跑姿势、动作和加速阶段的技术细节至关重要。训练要点包括起跑姿势的调整、起跑动作的优化、加速阶段的节奏控制等。

（3）赛段分割训练

短跑项目中的赛程非常短暂，需要选手在极短的时间内发挥出最佳水平。赛段分割训练可以帮助选手更好地控制赛程中的不同阶段，提高比赛的整体

表现。

2. 中跑项目

中跑项目包括 400 米、800 米等赛程，需要兼顾速度和耐力。其训练要点包括：

（1）有氧耐力训练

中跑项目需要较长时间的持续奔跑，因此有氧耐力训练是至关重要的。包括长跑训练、间歇训练等，以提高选手的耐力水平。

（2）节奏控制练习

中跑项目需要选手在不同阶段保持适当的速度，因此节奏控制能力至关重要。训练要点包括节奏控制练习、赛段分割训练等，以提高选手在比赛中的速度控制能力。

（3）技术细节的完善

中跑项目中的节奏、步幅、呼吸等技术细节影响着选手的表现。训练要点包括技术细节的完善，包括步伐调整、呼吸节奏等。

3. 长跑项目

长跑项目包括 1500 米、5000 米、10000 米等赛程，需要良好的持久力和节奏控制能力。其训练要点包括：

（1）长时间的有氧训练

长跑项目需要选手具备较高的有氧耐力，因此长时间的有氧训练是必不可少的。包括长跑训练、跑步技巧的练习等。

（2）节奏控制能力的培养

长跑比赛需要选手在较长的赛程中保持适当的节奏，因此节奏控制能力是非常重要的。训练要点包括节奏控制练习、心理耐力训练等。

（3）柔韧性和力量的提高

长跑项目中，良好的柔韧性和力量可以帮助选手减少受伤风险，并提高跑步效率。训练要点包括柔韧性训练、力量训练等。

4. 跳高、跳远项目

跳高和跳远是田径项目中的技巧性项目，需要兼顾技术细节和爆发力。其训练要点包括：

（1）技术细节的完善

跳高和跳远项目的成功与否很大程度上取决于技术细节的掌握。训练要点包括技术动作的练习、起跳角度的调整、着地姿势的优化等。

（2）爆发力和力量的培养

跳高和跳远需要选手具备良好的爆发力和力量，以确保起跳和飞行过程的效果。训练要点包括爆发力训练、弹跳训练、力量训练等。

（3）柔韧性和平衡能力的提高

跳高和跳远项目中，良好的柔韧性和平衡能力可以帮助选手更好地掌握技术动作，并减少受伤风险。训练要点包括柔韧性训练、平衡能力训练等。

（二）游泳项目的训练要点分析

游泳作为一项综合性的运动项目，其训练要点涉及技术、力量、耐力、灵敏度等多个方面。不同泳姿的训练重点各有侧重，需要通过系统性的训练来达到提高水平的目的。下面将对自由泳、蛙泳、仰泳等泳姿的训练要点进行更深入地分析。

1.自由泳训练要点的深入分析

自由泳是最常见、最基础的泳姿之一，其训练要点涉及呼吸、姿势、推进等多个方面。

（1）精准呼吸技巧的培养

在自由泳中，呼吸的节奏对于维持良好的游泳状态至关重要。游泳者需要在不影响游速的前提下掌握呼吸的节奏，以保证氧气的充分供应。呼吸的节奏过快或过慢都会影响游泳者的状态和速度，因此需要通过反复练习来逐渐掌握合适的呼吸节奏。

（2）水感与流线型姿态的提升

自由泳的推进主要依靠手臂的划水和腿部的蹬水，而良好的水性可以使游泳者更有效地推进。水性的提高需要通过练习来达到，包括身体的平衡、水下推进的力量掌握以及推进角度的调整等。水性的提高不仅可以提高游泳速度，还能减少耗能，延长游泳持久力。

（3）技术动作的精细化训练

自由泳的技术细节包括手臂划水的力度、频率、姿势的调整、腿部蹬水的力度和节奏等。这些细节决定了游泳者的游速和游泳状态，需要通过反复练习和技术指导来逐步完善。

（4）耐力训练

自由泳是一项长距离的泳姿，在比赛或训练中需要游泳者具备良好的耐力以保持长时间的高强度运动。耐力训练可以通过长距离游泳、间歇性训练等方式进行，以提高游泳者的心肺功能和肌肉耐力。

（5）转身技术训练

在自由泳比赛中，转身技术的熟练程度直接影响到比赛成绩。游泳者需要通过练习来掌握合适的转身角度和速度，以及转身时的呼吸和推进技术，以确保转身的快速和顺畅。

综上所述，自由泳的训练要点不仅包括呼吸节奏、水性、技术细节、耐力和转身技术等方面，还需要通过系统性的训练来提高游泳者的整体水平。

2. 蛙泳训练要点的深入分析

蛙泳是一种常见的泳姿，其特点是动作缓慢、舒展，适合初学者和年长者。

（1）蛙泳腿部与臂部动作的协调性训练

蛙泳的推进主要依靠蛙足和臂部的协调配合。游泳者需要通过练习来提高蛙足的力量和频率，并与臂部的划水动作配合，以达到最佳的推进效果。

（2）蛙泳腿部技术的强化练习

蛙足是蛙泳的特色动作之一，其正确的动作和力量对于推进至关重要。蛙足练习可以通过蛙足板、蛙足器材等辅助工具来进行，以提高游泳者的蛙足力量和频率。

（3）蛙泳臂部力量的针对性提升

蛙泳的臂部动作主要是向外划水，其力量和频率的调整直接影响到推进效果。臂部力量训练可以通过举重、器械练习等方式进行，以增强游泳者的臂部力量和耐力。

3. 仰泳训练要点的深入分析

仰泳是一种背向后仰的泳姿，其特点是游泳者处于仰卧姿势，面朝上方，需要通过手臂和腿部的动作来推进。以下是对仰泳训练要点深入分析的具体内容。

（1）身体姿势和平衡

仰泳的成功与否很大程度上取决于游泳者的身体姿势和平衡能力。良好的身体姿势可以减少水阻，提高推进效率，同时也有助于游泳者保持稳定的游泳状态。因此，训练要点之一是通过平衡训练来加强游泳者的核心肌群，提高其在水中的平衡能力。

（2）手臂动作和推进技术

仰泳中，手臂的划水动作是推进的主要来源。游泳者需要通过正确的手臂动作来产生推进力，并与腿部的踢水配合，保持稳定的速度。因此，训练要点之一是通过手臂划水练习和推进技术训练来提高游泳者的推进效率和速度。

（3）腿部踢水技术

腿部的踢水动作在仰泳中同样至关重要。正确的踢水技术可以增加推进力，提高游泳速度，并且有助于保持身体的平衡。因此，训练要点之一是通过腿部踢水技术的练习和调整来提高游泳者的踢水效率和频率。

（4）转身技术

虽然仰泳是一种背向后仰的泳姿，但在比赛或训练中，游泳者需要掌握转身技术，以便在比赛中完成转身动作。转身技术的熟练程度直接影响到游泳者的游泳速度和比赛成绩，因此需要通过反复练习和技术指导来提高游泳者的转身技术水平。

（5）呼吸技巧

尽管仰泳时游泳者的头部在水面上方，但正确的呼吸技巧仍然是必不可少的。游泳者需要通过调整呼吸节奏和角度来确保充分的氧气供应，同时不影响游泳速度和姿势稳定性。因此，训练要点之一是呼吸技巧的练习和调整，以提高游泳者在仰泳中的呼吸效率和舒适度。

二、球类、武术等项目的训练要点解析

（一）球类项目的训练要点分析

1.篮球项目

（1）基本功的打磨

篮球项目中，基本功的打磨是至关重要的。这包括传球、控球、投篮、运球等基本技术动作的训练。在传球中，需要训练球员准确的传球姿势和传球力

度，以及快速地判断和传球能力。在控球方面，需要训练球员的手感和运球速度，使其能够在比赛中灵活控制球权。投篮是篮球比赛中得分的主要手段之一，因此需要训练球员的投篮姿势、力量和准确性。而运球技术则是球员在比赛中绕过对方防守的重要手段，需要训练球员的运球速度、变向和突破能力。

（2）战术意识的培养

篮球是一项需要高度战术意识的运动项目。球员需要根据比赛中的具体情况，选择合适的进攻和防守战术，并能够在比赛中及时调整和应变。因此，训练要注重模拟比赛情境，培养球员的战术意识和团队协作能力。这包括进攻时的战术配合、空位跑动，以及防守时的包夹、盯人防守等方面的训练。

（3）团队合作能力的培养

篮球是一项团队性很强的运动项目，团队合作能力的培养至关重要。在训练中，需要注重团队之间的默契配合和信任。通过集体训练和比赛，培养球员之间的默契感和战斗精神，提高团队整体的竞技水平和凝聚力。

2. 足球项目

（1）技术的熟练程度

足球项目中，技术的熟练程度直接影响着球员在比赛中的表现。关键技术包括传球、控球、射门、头球、盘带等。球员需要通过反复练习，规范和提高这些技术动作，以应对比赛中复杂多变的情况。

（2）战术意识的培养

足球是一项需要高度战术意识的运动项目。球员需要根据比赛的实际情况，选择合适的战术策略，并能够在比赛中及时调整和应变。因此，训练要注重战术的模拟和训练，培养球员的战术意识和团队配合能力。

（3）团队合作能力的培养

足球是一项团队合作性很强的运动项目，团队合作能力的培养至关重要。在训练中，需要注重团队之间的默契配合和信任。通过集体训练和比赛，培养球员之间的默契感和团队凝聚力，提高整体球队的竞技水平。

3. 排球项目

（1）技术的熟练程度

在排球项目中，技术的熟练程度对于球员的表现至关重要。关键技术包括发球、传球、扣球、防守等。球员需要通过大量的技术训练，使这些技术动作得到规范和提高，以应对比赛中的各种挑战。

（2）战术意识的培养

排球是一项需要高度战术意识的运动项目。球员需要根据比赛的实际情况，选择合适的战术策略，并能够在比赛中及时调整和应变。因此，训练要注重战术的模拟和训练，培养球员的战术意识和团队配合能力。

（3）团队合作能力的培养

排球是一项团队合作性很强的运动项目，团队合作能力的培养至关重要。在训练中，需要注重团队之间的默契配合和信任。教练和团队领导者通过集体训练和比赛，培养球员之间的默契感和团队凝聚力，提高整体球队的竞技水平。

（二）武术项目的训练要点分析

1.形意拳

（1）基本功的打磨

形意拳是一种以形态、意志为主导的内家拳法，基本功的打磨对于提高技击水平至关重要。包括拳法、步法、身法等基本动作的反复练习，使得动作准确、流畅。

（2）套路的训练

形意拳的套路是各种拳法动作的组合，是武术项目中的重要内容。套路训练不仅可以锻炼身体的灵活性和协调性，还能提升技击的连贯性和战斗力。在形意拳的套路训练中，需要注重每个动作之间的衔接和过渡，以及整体的节奏和呼吸控制。

（3）对抗技术的提高

形意拳强调"拳中有劲、劲在气、气由意生"，技击的力量源自内力的运用。因此，除了基本功和套路的训练外，还需要注重对抗技术的提高。这包括对手法、发力点、攻防转换等方面的训练，以及内力的培养和运用。

2.太极拳

（1）基本功的打磨

太极拳注重以柔克刚、以静制动的原理，基本功的打磨是太极拳训练的重要环节。包括站桩、太极步、推手等基本动作的练习，使得身体的柔韧性、稳定性和力量得到提升。

（2）套路的训练

太极拳套路以缓慢、连贯的动作为特点，注重身体的舒展和呼吸的调控。套路训练不仅可以提升身体的灵活性和协调性，还能培养太极拳的特有气质和韵味。

（3）内功修炼

太极拳的内功修炼是太极拳训练的核心内容之一。通过站桩、导引术、意念调控等方法，培养身体的内力和气场，以达到身心健康、增强抗击打能力的目的。

3.跆拳道

（1）基本功的打磨

跆拳道是一种以踢腿技术为主的武术项目，基本功的打磨是跆拳道训练的基础。包括踢腿、蹲马、拳法等基本动作的练习，使得技术动作规范、准确。

（2）对抗技术的提高

跆拳道强调实战能力，对抗技术的提高是跆拳道训练的重要内容之一。这包括防御技巧、攻击技术、应对策略等方面的训练，以及对手眼力、速度、反应等方面的综合提升。

（3）身体素质的培养

跆拳道运动员需要具备较高的身体素质，包括力量、速度、灵活性、耐力等方面。因此，训练中需要注重全面的身体素质培养，通过力量训练、爆发力训练、柔韧性训练等方法，提升运动员的整体竞技水平。

三、体操、击剑等项目的训练要点总结

（一）体操项目的训练要点分析

1.器械操

（1）基本功的打磨

器械操是体操项目中的重要组成部分，基本功的打磨对于运动员的表现至关重要。基本功包括吊环、鞍马、跳马等器械上的动作技术，以及肌肉力量、柔韧性等方面。通过反复的基本功练习，使运动员的动作规范、准确，达到技

术的熟练程度。

（2）套路的训练

在器械操项目中，套路训练是提高运动员竞技水平的重要手段。套路训练包括各种动作组合和连接，以及整体的节奏和流畅度。通过不断练习套路，提高运动员的技术难度和动作连贯性。

（3）身体素质的全面提升

除了技术训练外，身体素质的全面提升也是体操运动员训练的重要内容。这包括力量、柔韧性、平衡能力等方面的训练。通过力量训练、拉伸训练等方法，提高运动员的身体素质，增强其运动能力和动作的美感。

2. 艺术体操

（1）灵活性和柔韧性的提高

艺术体操强调身体的柔韧性和舞蹈感，因此需要注重灵活性和柔韧性的提高。训练要点包括拉伸训练、舞蹈基础训练等，以增强运动员的舞姿和身体的柔软度。

（2）舞蹈技巧的训练

艺术体操中的舞蹈技巧对于节奏感和表现力至关重要。训练要点包括舞蹈动作的练习、舞台表现技巧的培养等，以提高运动员在比赛中的舞蹈水平和表现能力。

（3）身体控制能力的提高

艺术体操要求运动员能够控制自己的身体，包括身体的平衡、重心的转移等方面。训练要点包括平衡训练、重心控制训练等，以提高运动员的身体控制能力和表现技巧。

（二）击剑项目的训练要点分析

1. 花剑

（1）基本功的打磨

在花剑项目中，基本功的打磨对于提高运动员的技术水平至关重要。基本功包括姿势、步法、刺剑技术等基本动作的练习。通过反复的基本功训练，使运动员的动作规范、准确，达到技术的熟练程度。

（2）应对能力的提高

花剑项目是一项需要高度应对能力的运动项目，需要运动员具备灵活的应变能力和战斗意识。训练要点包括实战对抗训练、应对不同对手的战术策略等，以提高运动员在比赛中的应对能力。

（3）心理素质的培养

花剑比赛需要运动员具备较强的心理素质，包括专注力、冷静性等方面的训练。训练要点包括心理训练、应对比赛压力的训练等，以提高运动员的心理素质和应对能力。

2.重剑

（1）力量和爆发力的培养

重剑项目强调力量和爆发力的发挥，需要运动员具备较强的肌肉力量和爆发力。训练要点包括力量训练、爆发力训练等，旨在提高运动员的力量水平和攻击能力。

（2）防守技术的训练

重剑项目中，防守技术同样重要，需要运动员具备较强的防守能力和对抗技巧。训练要点包括防守训练、对抗技巧的提高等，以提高运动员在比赛中的防守水平。

（3）身体素质的全面提升

除了力量和爆发力外，重剑项目还需要运动员具备较强的身体素质，包括耐力、灵敏度等方面。训练要点包括全面的身体素质培养，以增强运动员的综合竞技能力。

3.佩剑

（1）技术精湛度的提高

佩剑项目强调技术的精湛度和速度，需要运动员具备快速的反应和准确的刺剑技术。因此，训练要点包括刺剑技术的精细训练、速度的提升以及动作的准确性。通过反复的技术练习和实战对抗，使运动员的技术水平达到更高的层次。

（2）应对能力的提高

在佩剑比赛中，运动员需要具备优秀的应对能力，能够根据对手的动向和策略做出及时反应和调整。因此，训练要点包括对抗训练、模拟比赛情境的训练等，以增强运动员的战术意识和应对能力。

（3）心理素质的培养

佩剑比赛对于运动员的心理素质要求较高，需要具备良好的心理素质和稳定的心态。训练要点包括心理训练、应对比赛压力的训练等，以提高运动员的心理素质和比赛状态的稳定性。

第二节　运动训练的计划和组织

一、训练计划的制定原则与方法

（一）训练计划的制定原则

1.个性化原则

在制定训练计划时，个性化原则是至关重要的。这意味着要考虑到每位运动员的个体差异，包括身体素质、技术水平、心理状态等方面，制定针对性地训练计划。个性化原则的主要实施方法如下。

（1）评估运动员的个体特征

在开始制定训练计划之前，需要对每位运动员进行全面的评估，包括身体素质测试、技术水平评估、心理状态调查等，以了解其个体特征和需求。

（2）制定个性化目标

根据评估结果，为每位运动员制定个性化的训练目标，明确需要改进和提高的方面，例如增强力量、提高速度、改善技术等。

（3）定制个性化训练方案

针对每位运动员的个体特征和目标需求，设计针对性的训练方案，包括体能训练、技术训练、心理训练等，以最大程度地发挥其潜力。

（4）持续跟踪和调整

在训练过程中，持续跟踪每位运动员的训练进展和反馈，根据实际情况及时调整训练计划，确保个性化原则的贯彻执行。

2.阶段性原则

阶段性原则是指根据不同的训练阶段，如准备期、竞赛期、恢复期等，设置相应的训练目标和内容。在制定训练计划时，需要考虑到不同阶段的特点和目标需求，以确保训练的连续性和有效性。实施阶段性原则需要以下步骤。

（1）确定训练周期

将整个训练计划划分为不同的阶段，如准备期、竞赛期和恢复期，根据比赛日程和季节性因素确定每个阶段的持续时间。

（2）设定阶段性目标

为每个训练阶段设定明确的训练目标，如准备期注重体能和基础技术的提高，竞赛期注重比赛准备和战术训练，恢复期注重身体的恢复和调整。

（3）安排阶段性训练内容

根据阶段性目标，安排相应的训练内容和训练方法，确保每个阶段的训练任务能够有效实施。

（4）定期评估和调整

定期对每个阶段的训练效果进行评估，根据评估结果及时调整下一阶段的训练计划，以保证训练的连续性和有效性。

3.循序渐进原则

循序渐进原则要求训练计划应当遵循由简到繁、由易到难的原则，循序渐进地安排训练内容，逐步提高运动员的训练强度和技术水平。在实施循序渐进原则时，需要考虑以下因素。

（1）逐步增加训练强度

在训练计划中，逐步增加训练强度和训练量，使运动员能够适应更高水平的训练负荷。

（2）循序渐进地提高技术难度

在技术训练中，从简单的基础动作开始，逐步引入更复杂、更高难度的技术动作，确保运动员的技术水平得到稳步提高。

（3）注意训练顺序和间歇

合理安排训练内容的顺序和间歇，避免训练过度疲劳和受伤，保证训练效果的最大化。

（4）根据个体差异调整训练计划

根据每位运动员的个体差异和适应能力，灵活调整训练计划，确保循序渐进原则的顺利实施。

4.综合平衡原则

综合平衡原则要求训练计划应当兼顾体能、技术、心理等各方面的训练，保持各项训练内容的平衡，避免出现单一训练过度的情况。实施综合平衡原则需要以下措施。

（1）平衡体能和技术训练

在训练计划中，合理安排体能训练和技术训练的比例，确保两者的平衡性，综合提高运动员的整体素质。

（2）兼顾心理训练

加强心理训练的内容和方法，培养运动员良好的心理素质和竞技状态，提高应对压力和挑战的能力。

（二）训练计划的制定方法

训练计划的制定方法主要包括以下几个方面。

1.分析需求

制定训练计划的第一步是对运动员的需求进行全面分析。这包括对运动员的身体素质、技术水平、心理状态以及比赛目标的深入了解。通过分析需求，可以确定训练的重点和方向，为后续的训练计划制定奠定基础。

2.划分周期

将整个训练周期划分为不同的阶段是训练计划制定的基础。常见的训练周期包括准备期、竞赛期和恢复期。每个阶段的特点和目标不同，需要采取不同的训练内容和方法。准备期注重基础体能和技术的提高，竞赛期注重比赛准备和战术训练，恢复期注重身体的恢复和调整。

3.设定目标

为每个训练阶段设定明确的训练目标是制定训练计划的关键步骤。这些目标应该具体、可衡量，涵盖体能、技术、心理等方面。例如，在准备期可以设定增加肌肉力量、提高柔韧性、改善技术动作等目标；在竞赛期可以设定提高比赛成绩、增强竞技状态、提高应变能力等目标。

4.安排训练内容

根据设定的训练目标，安排相应的训练内容是制定训练计划的核心内容。训练内容应包括体能训练、技术训练、战术训练、心理训练等方面，以全面提高运动员的竞技能力。在安排训练内容时，需要考虑到训练的连贯性和递进性，合理安排训练课程和训练项目，确保训练的全面性和有效性。

5. 控制训练强度

控制训练强度是确保训练计划顺利执行的重要保障。训练强度应根据运动员的身体状况和训练反馈进行调整，避免过度训练导致的身体和心理疲劳。合理控制训练强度可以保证运动员在训练中保持良好状态，提高训练效果和效率。

6. 评估和调整

定期对训练计划进行评估和调整是制定训练计划的最后一步。通过评估训练效果，可以及时发现问题和不足，根据评估结果对训练计划进行调整和优化，以确保训练的持续有效性。评估和调整过程应该是一个循环往复的过程，持续改进和完善训练计划，为运动员的成长和发展提供持续支持。

二、训练组织与教练团队建设

（一）组织架构

建立一个完善的训练组织架构对于体育运动的发展至关重要。典型的组织架构包括如下角色。

1. 主教练

主教练是整个团队的核心和领导者。其主要职责包括以下四点。

（1）制定整体训练计划

主教练根据比赛季节和队伍的整体状况，制定长期、中期和短期的训练计划，确保每个阶段的训练目标和内容能够逐步实现。

（2）指导训练内容

主教练负责指导运动员的技术训练、战术训练和比赛策略等方面的内容，确保训练的科学性和有效性。

（3）管理教练团队

主教练协调和管理教练团队的工作，分配任务、监督执行、提供指导和支持，确保整个团队的协作和配合。

（4）与运动员及家长沟通

主教练与运动员及其家长保持密切联系，及时了解运动员的情况和问题，并为他们提供必要的指导和帮助。

2. 助教

助教是主教练的得力助手，协助主教练完成各项训练任务。其主要职责包括以下三点。

（1）辅助执行训练计划

助教协助主教练执行训练计划，负责组织训练活动、监督运动员的训练状态和进展等。

（2）协助技术训练

助教负责指导运动员进行具体的技术训练，帮助他们掌握正确的技术动作和训练方法。

（3）日常训练工作

助教参与组织和管理日常训练工作，包括场地布置、器材准备、训练记录等方面的工作。

3. 体能训练师

体能训练师是负责制定和执行运动员体能训练计划的专业人员。其主要职责包括以下几个方面。

（1）制定训练计划

体能训练师根据运动员的特点和训练目标，制定科学合理的体能训练计划，包括力量训练、速度训练、柔韧性训练等。

（2）进行训练指导

体能训练师负责指导运动员进行体能训练，同时监督训练效果，及时调整训练计划，确保运动员的身体素质得到全面提升。

（3）预防和处理运动伤害

体能训练师负责预防和处理运动员在训练过程中可能出现的运动伤害，保障运动员的健康和安全。

4. 心理辅导师

心理辅导师是负责对运动员进行心理训练和心理辅导的专业人员。其主要职责有以下两点。

（1）心理训练

心理辅导师根据运动员的特点和需求，制定针对性的心理训练方案，帮助运动员提高心理素质，增强心理韧性和应对压力的能力。

（2）心理辅导

心理辅导师与运动员进行个别或集体的心理辅导，帮助他们解决心理问题、缓解压力、调整心态，保持良好的竞技状态。

（二）专业素养

在体育运动中，教练团队的专业素养对于运动员的发展和成就至关重要。一个具备丰富专业知识和经验的教练团队能够为运动员提供科学、系统和个性化的训练指导，帮助他们充分发挥潜力，取得优异的成绩。下面将深入探讨教练团队成员的专业素养，包括主教练、助教、体能训练师和心理辅导师的角色和职责，以及他们应具备的专业知识和技能。

1. 主教练的专业素养

主教练是整个团队的核心和领导者，其专业素养直接影响着整个团队的训练效果和运动员的发展。主教练应具备以下专业素养。

（1）较高水平的运动专业知识：主教练应深入了解所执教项目的技术、战术、训练方法等方面的知识，并不断更新自己的专业知识，以应对不断变化的竞技环境。

（2）领导管理能力：主教练应具备优秀的领导和管理能力，能够有效地组织和指导教练团队的工作，激发运动员的潜能，推动整个团队向着共同的目标前进。

（3）制定合理的训练计划：主教练需根据运动员的实际情况和比赛目标，制定科学合理的训练计划，合理安排训练内容和训练强度，确保运动员能够达到最佳竞技状态。

（4）有效执行训练计划：主教练应能够有效地执行训练计划，监督和指导运动员的训练，及时调整训练方案，确保训练工作的顺利进行和达成预期目标。

2. 助教的专业素养

助教是主教练的得力助手，他们在训练过程中承担着重要的角色。助教应具备以下专业素养。

（1）扎实的运动技术水平：助教应对所执教项目的技术要求有深入的了解和掌握，能够准确指导运动员进行技术训练和提高。

（2）细致的训练管理能力：助教应具备细致入微的训练管理能力，能够有效地组织和安排训练活动，确保训练工作的有序进行。

（3）良好的沟通和团队合作能力：助教应能够与主教练和其他团队成员进行良好的沟通和协作，共同推动训练工作的顺利进行和达成共同目标。

3.体能训练师的专业素养

体能训练师是负责运动员体能训练的专业人员，他们的专业素养直接影响着运动员的身体素质和竞技水平。体能训练师应具备以下专业素养。

（1）系统的体能训练知识：体能训练师应对体能训练的理论和方法有深入的了解和研究，能够根据运动员的特点和需求，制定科学有效的训练计划。

（2）丰富的训练经验：体能训练师应具备丰富的实战经验，能够根据实际情况调整训练方案，确保训练效果的最大化。

（3）注重个性化训练：体能训练师应能够针对不同运动员的个体差异，制定个性化的训练方案，满足其不同的训练需求。

4.心理辅导师的专业素养

心理辅导师是负责对运动员进行心理训练和心理辅导的专业人员，他们的专业素养直接影响着运动员的心理素质和竞技状态。心理辅导师应具备以下专业素养。

（1）深入的心理学知识：心理辅导师应对运动心理学有深入的了解和研究，能够运用心理学理论和方法对运动员进行科学有效的心理辅导。

（2）良好的沟通和倾听能力：心理辅导师应具备良好的沟通和倾听能力，能够与运动员建立起信任和亲近的关系，有效地开展心理辅导工作。

（3）个性化的辅导服务：心理辅导师应能够针对每位运动员的特点和需求，制定个性化的心理训练方案，帮助他们克服心理障碍，保持良好的竞技状态。

（三）团队合作

在体育运动训练中，团队合作是教练团队顺利开展工作、有效提高运动员水平的关键。教练团队成员需要意识到彼此之间的紧密联系和相互依赖，共同致力于实现训练目标和促进运动员的全面发展。以下是团队合作在教练团队中的重要性及其实践方法的探讨。

1.重要性

（1）协调一致的工作：团队合作可以确保教练团队成员之间的工作协调一致，避免因个人行动而导致训练计划的混乱或冲突，保证整个训练过程的顺利进行。

（2）优势互补的能力：教练团队成员拥有各自的专业领域知识和技能，通过团队合作，可以发挥各自的优势，实现能力的互补和整体水平的提升。

（3）共同应对挑战：在面对训练中的挑战和困难时，团队合作可以提供支持和帮助，凝聚起团队的力量，共同克服困难，取得成功。

2.实践方法

（1）建立良好的沟通机制：教练团队成员之间应建立起良好的沟通机制，及时交流信息、共享想法和经验，确保信息畅通，减少误解和误会。

（2）明确分工和职责：教练团队成员应明确分工和职责，充分发挥各自的专业优势，确保训练工作的高效开展和有序进行。

（3）定期团队会议：定期召开教练团队会议，讨论训练计划、评估训练效果、分享经验和思考问题，增进团队成员之间的了解和信任，促进团队合作的深入开展。

（4）培养团队精神：通过集体训练、集体活动等形式，培养团队精神，增强团队成员之间的凝聚力和归属感，激发团队合作的热情和动力。

（四）教练技能

教练团队成员的技能和素质对于体育运动训练的成功与否至关重要。在教练团队中，主教练是领导者和核心人物，应具备多方面的技能和能力。首先，主教练需要拥有较高水平的技术指导能力。这包括对于运动项目的深入了解和丰富的实践经验，能够准确分析运动员的技术问题并提供有效地指导和调整。主教练还应当具备出色的团队管理能力，能够合理分配资源、调动团队成员的积极性，并有效地协调和管理整个训练团队的工作。在面对挑战和困难时，主教练需要展现出坚强的领导力和应对能力，引领团队克服困难，实现训练目标。

助教、体能训练师和心理辅导师等教练团队成员同样需要具备良好的技能和素质。助教作为主教练的得力助手，应当具备敏锐的观察力和执行能力，能够有效地执行主教练的指示，并在训练过程中为运动员提供有效的辅助和支持。

体能训练师应当具备专业的体能训练知识和技能，能够根据运动员的需求制定科学合理的体能训练计划，并有效地指导运动员进行体能训练，提升其身体素质。心理辅导师则需要具备丰富的心理学知识和辅导经验，能够理解运动员的心理状态，为其提供专业的心理支持和辅导，帮助其克服心理障碍，保持良好的竞技状态。

除了具备专业技能外，教练团队成员还应当具备良好的沟通能力和团队合作精神。良好的沟通能力可以保证团队内部信息的畅通和有效地团队协作，促进团队成员之间的互动和理解。团队合作精神则是保证整个教练团队能够团结一致、密切配合，共同为运动员的发展和训练工作而努力的重要保障。通过共同努力和合作，教练团队成员能够充分发挥各自的优势，从而实现团队力量的最大化，为运动员的成长和发展创造良好的条件和环境。

第三节　运动训练的效果评估与调整

一、训练效果评估指标体系建设

建立科学合理的训练效果评估指标体系是体育运动训练管理的关键环节。这个指标体系需要全面反映运动员的训练水平、竞技能力和综合素质，以便进行有效地评估和调整。在建设训练效果评估指标体系时，可以从以下几个方面考虑。

（一）身体素质指标

1.耐力

耐力是体育项目中的基础素质之一，它直接影响着运动员在比赛或训练中的持久性和表现。良好的耐力水平能够延缓运动员疲劳的到来，使其能够保持较高水平的运动强度和效率。在长时间的比赛或训练中，耐力不足可能导致运动员的表现下降，甚至出现过早疲劳的情况，从而影响整体竞技表现和成绩。

（1）耐力评估方法

①长跑测试

进行一定距离的长跑测试是常用的耐力评估方法之一。通过让运动员跑一定距离（例如 3000 米、5000 米甚至更长的距离），可以观察其在长时间持续运动中的表现。评估指标可以包括完成距离、完成时间以及中途出现的疲劳程度等。

②游泳测试

游泳是另一种常用的评估耐力的方法。通过要求运动员进行一定距离的游泳，例如连续游泳 1000 米或更长的距离，可以评估其在水中长时间持续运动的能力。评估指标可以包括游泳速度、游泳姿势的保持、游泳节奏的稳定性等。

（2）耐力训练

耐力训练是通过有计划的、持续的、逐渐增加强度和时长的体育活动来提高身体对长时间运动的适应能力。耐力训练可以通过长时间的有氧运动来实现，例如跑步、游泳、骑行等。此外，间歇性训练也是提高耐力的有效方法，通过短时间的高强度运动和间歇休息来提高心肺功能和耐力水平。

耐力评估的结果可以帮助教练和运动员了解运动员的耐力水平，发现存在的问题和不足之处，以便有针对性地制定训练计划和提高训练效果。耐力评估还可以用于监测训练进展和调整训练强度，确保运动员持续地提高其耐力水平和竞技表现。

2. 速度

度是许多体育项目中必不可少的素质之一，它直接决定了运动员在比赛中的快速反应和动作执行能力。在需要快速奔跑、快速冲刺或快速变相的项目中，速度的高低将直接影响到运动员的竞技表现和成绩。

（1）速度评估方法

①短跑测试

短跑是评估运动员速度的常用方法之一。通过设置一定距离（例如 100 米、200 米等），观察运动员在起跑、加速和冲刺阶段的表现。评估指标可以包括起跑速度、加速度和最终冲刺速度等。

②跳远测试

跳远项目也可以用来评估运动员的速度。在跳远过程中，运动员需要在短时间内达到最大速度并实现起跳，然后在空中保持速度并完成着陆。观察运动员起跳时的速度和跳远的水平可以部分反映其速度水平。

（2）速度训练

速度训练是通过针对性地训练方法，以提高运动员的加速度、最大速度和快速反应能力。常见的速度训练包括以下三个方面。

①爆发力训练：包括爆发力训练和起跑技巧的训练，以提高起跑时的爆发力和加速度。

②最大速度训练：通过不断练习跑步姿势、加速和冲刺技巧，以提高运动员的最大速度水平。

③变向训练：包括快速转弯、转身和变向跑等训练，以提高运动员在变相行动中的速度和灵活性。

通过速度评估，教练和运动员可以了解运动员在速度方面的优势和不足，制定训练计划和提高训练效果。速度评估还可以用于监测训练进展和调整训练强度，确保运动员能够不断提高其速度水平，以取得更好的竞技成绩。

3. 力量

力量是支撑运动员完成各种动作和动作组合的基础。在许多体育项目中，如举重、击剑、篮球、足球等，力量都是取得成功所必需的素质之一。通过力量训练，可以提高运动员的爆发力、耐力和运动表现。

（1）力量评估方法

①举重测试

举重是评估运动员力量的一种常见方法。通过设置一定的重量和次数，观察运动员在举重动作中的爆发力和肌肉力量表现。常见的举重项目包括深蹲、硬拉、卧推等。

②引体向上测试

引体向上是另一种评估运动员力量的有效方法。通过进行一定次数的引体向上动作，观察运动员在上升过程中的肌肉力量和耐力表现。这项测试主要评估上肢和核心肌群的力量水平。

（2）力量训练

力量训练是通过针对性地训练方法，以提高运动员的肌肉力量水平。常见的力量训练包括以下三个方面。

①重量训练：包括使用哑铃、杠铃等器械进行举重训练，以提高肌肉力量和爆发力。

②体重训练：包括俯卧撑、仰卧起坐、深蹲等基本体重训练动作，以提高运动员的核心力量和身体稳定性。

③爆发力训练：包括快速爆发的动作训练，如跳跃、冲刺、爆发性力量训练等，以提高运动员的爆发力和反应速度。

通过力量评估，教练和运动员可以了解运动员在力量方面的优势和不足，制定训练计划和提高训练效果。力量评估还可以用于监测训练进展和调整训练强度，确保运动员能够不断提高其力量水平，以取得更好的竞技成绩。

4.柔韧性

柔韧性是人体肌肉和关节活动范围的重要指标之一。良好的柔韧性可以使运动员在运动中更容易做出各种动作，并且降低运动损伤的风险。在某些体育项目中，如体操、芭蕾舞、武术等，柔韧性更是至关重要的素质。

（1）柔韧性评估方法

①仰卧起坐测试：仰卧起坐测试主要评估躯干和腹部的柔韧性。通过进行仰卧起坐动作，观察运动员在动作过程中躯干的伸展程度和灵活性。

②身体前屈测试：身体前屈测试主要评估腿部和躯干的柔韧性。通过进行身体前屈动作，观察运动员在前屈过程中腰部和下背部的伸展程度和灵活性。

（2）柔韧性训练

柔韧性是可以通过适当的训练来提高的。柔韧性训练主要包括以下三个方面。

①静态拉伸：进行各种身体部位的拉伸动作，保持一定的姿势，拉伸肌肉和关节，以增加其活动范围。

②动态拉伸：进行带有动作的拉伸训练，如摆臂、摆腿等，既能增加柔韧性，又能起到热身的作用。

③瑜伽和普拉提：这些运动形式注重身体的伸展和柔软性，通过各种体位和动作的练习，可以提高身体的柔韧性和灵活性。

柔韧性评估可以帮助教练了解运动员在柔韧性方面的水平，有针对性地设计训练计划，以提高运动员的柔韧性。良好的柔韧性不仅可以改善运动表现，还可以预防运动损伤，提高训练效果。

（二）技术水平指标

技术水平是衡量运动员在特定体育项目中的表现和竞技能力的重要指标之一。一个运动员的技术水平直接影响着其在比赛中的表现和成绩。因此，建立科学合理的技术水平评估体系对于指导训练和提高竞技水平具有重要意义。

1.动作规范程度

动作规范程度是指运动员在执行特定技术动作时，其动作的准确性和规范性程度。一个技术动作如果能够符合规定的动作标准，即可被认为是规范的。评估运动员的动作规范程度可以通过以下方式进行。

（1）技术评分表：制定专门的技术评分表，对不同技术动作的执行情况进行打分，以便量化评估。

（2）视频分析：对运动员进行视频录像，并进行详细分析和比对，观察其动作是否符合规范要求。

2.技术细节掌握程度

技术细节掌握程度是评估运动员对于技术动作中各种细节的理解和掌握程度。一个优秀的运动员不仅能够完成基本的技术动作，还能够在细节上做到更加精准和流畅。评估技术细节掌握程度可以关注以下几个方面。

（1）动作连贯性：观察运动员在执行技术动作时，动作是否连贯流畅，没有明显的断裂或犹豫。

（2）节奏感：评估运动员在执行技术动作时是否能够掌握好节奏和速度，以达到最佳的运动效果。

构建科学合理的技术水平指标体系，有助于教练全面了解运动员的技术水平，及时发现问题和不足，并针对性地进行训练和指导。同时，通过不断的技术水平评估，可以帮助运动员提高自身的技术水平，达到更好的竞技状态。

（三）心理状态指标

心理状态在体育运动中起着至关重要的作用，它直接影响着运动员的表现和成绩。建立科学有效的心理状态评估体系对于提高运动员的竞技水平和应对各种挑战具有重要意义。

1.自信心

自信心是指运动员对自己能力和表现的信心程度。在竞技体育中，充足的自信心能够帮助运动员更好地应对挑战，保持良好的竞技状态。评估自信心可以采用以下方法。

（1）心理问卷调查：运动员通过填写心理问卷（附录二）来评估自己的自信程度，从而了解其在比赛和训练中的心理状态。

（2）自我评价：运动员通过对自己的表现和能力进行自我评价，来反映其对自己的自信程度。

2.应对压力能力

应对压力能力是指运动员在面对竞争和压力时的应对能力和心理稳定性。在激烈的比赛和紧张的训练环境下，良好的应对压力能力能够帮助运动员保持冷静和专注，提高竞技表现。评估应对压力能力可以采用以下方法。

（1）心理测试：运动员通过参加心理测试来评估其应对压力的能力和心理稳定性。

（2）比赛表现：观察运动员在正式比赛中的表现，包括面对压力时的表现和应对能力，从而评估其心理状态。

构建科学有效的心理状态评估体系有助于教练和运动员更好地了解自己的心理状态，及时发现问题并加以解决。通过针对性的心理训练和指导，可以帮助运动员提高自信心和应对压力的能力，从而提高竞技水平和取得更好的比赛成绩。

（四）比赛成绩指标

比赛成绩指标是评估运动员训练效果和竞技水平的重要依据。在正式比赛中取得的成绩直接反映了运动员在训练过程中所取得的成果和竞技能力。这些成绩可以通过比赛排名、个人成绩等方面来进行评估。

首先，比赛排名是评估运动员在比赛中表现的一个重要指标。在竞技体育中，排名往往是直接衡量运动员在比赛中表现的指标之一。运动员在比赛中的排名反映了他们在比赛中的竞技水平和能力，也是评价运动员训练效果的重要参考。

其次，个人成绩也是评估运动员表现的关键因素之一。无论是在田径、游泳、体操还是其他项目中，每位运动员都有自己的个人成绩。这些成绩直接反映了运动员在比赛中的表现水平，包括他们的技术水平、身体素质以及心理素质等方面。

此外，运动员在比赛中的表现也包括其他方面的指标，如比赛过程中的表现、对待对手的态度和应对比赛压力的能力等。这些方面的评估可以从更全面的角度来了解运动员在比赛中的表现和发挥。

比赛成绩指标是评估运动员训练效果和竞技水平的重要依据，其中包括比赛排名、个人成绩以及比赛过程中的表现等方面。这些指标能够全面反映运动员在比赛中的表现和竞技能力，为评价运动员的训练效果提供了重要参考。

二、训练效果评估方法与工具介绍

评估运动训练效果是体育运动管理的重要组成部分，采用多种方法和工具进行评估可以更全面地了解运动员的训练状况和进步情况。在评估方法和工具的选择上，应根据具体情况和需求进行灵活运用，以获取更准确、全面的评估结果。

（一）定量评估方法

定量评估方法是评估运动员训练效果的重要手段，它通过量化的测试项目和工具来客观地评估运动员的身体素质、技术水平和心理状态，为训练计划的调整提供科学依据。以下是定量评估方法的具体介绍和应用。

1.身体素质测试

身体素质是评估运动员综合实力的重要指标之一，涵盖了耐力、速度、力量和柔韧性等方面。常用的身体素质测试项目包括以下内容。

（1）跑步测试

不同距离的长跑和短跑项目是常用的测试方法，可以评估运动员的耐力和速度水平。例如，通过 1000 米、1500 米和 5000 米等不同距离的跑步测试，可以评估运动员在不同强度和持续时间下的耐力水平。

（2）俯卧撑、仰卧起坐等测试项目

这些项目主要用于评估运动员的上肢和核心力量。俯卧撑测试可以评估胸肌、三头肌和肱二头肌的力量，而仰卧起坐测试则可以评估腹肌和腹横肌的力量。

（3）柔韧性测试

包括身体前屈、坐位体前屈等项目，用于评估运动员的关节柔韧性。柔韧性测试可以通过测量关节的活动范围和伸展程度来评估，例如使用坐位体前屈测试来评估髋关节和腰椎的柔韧性。

2. 技术评分

技术评分是体育运动训练中的重要环节，通过对运动员在训练和比赛中的技术表现进行客观评估，可以为教练制定针对性的训练计划提供科学依据，帮助运动员提高竞技水平和比赛表现。

在进行技术评分时，通常使用录像回放的方式来观察和分析运动员的技术动作。通过录像回放，教练可以反复观察和分析运动员的动作细节，捕捉到细微的变化和不足之处。这种方法能够避免在比赛或训练现场可能存在的主观偏差，提供更客观、准确地评估结果。

评分过程中，教练需要根据事先确定的评分标准对运动员的技术动作进行细致地观察和分析。评分标准可以根据具体运动项目的特点和要求进行制定，包括动作的准确性、流畅性、速度、力量等方面。例如，在体操项目中，评分标准可能包括动作的稳定性、难度系数、完成度等；在篮球运动中，评分标准可能包括投篮姿势、传球准确度、防守动作等。

评分结果应当记录下来，以便后续分析和训练调整。教练可以根据评分结果，为运动员制定个性化的训练计划和技术指导方案，针对性地改进和提升运动员的技术水平。同时，评分结果也可以用作运动员与教练之间的沟通和交流的基础，共同探讨技术上的不足和改进措施。

3. 心理问卷调查

心理问卷调查是评估运动员心理素质的一种常用方法，其重要性在于可以客观地测量和评估运动员的自信心、稳定性和应对压力的能力等心理状态。这些心理因素对于运动员在训练和比赛中的表现有着直接的影响，因此了解和评估运动员的心理素质状况对于制定个性化的训练计划和提供心理支持至关重要。

在进行心理问卷调查时，通常采用标准化的心理测量工具，其中包括了多种心理测评量表。其中，"运动员自我评价量表"是一种常见的工具，它通过让运动员自评来了解其对自己心理状态的认知，包括自信心、情绪稳定性、应对压力的能力等方面。同时，教练和心理辅导师也可以根据自己的观察和评估，结合运动员的实际表现，对运动员的心理状态进行评估。

心理问卷调查的优势在于其客观性和标准化程度，可以通过量化的数据来反映运动员的心理素质状况，为教练提供科学的依据。通过分析问卷调查结果，教练可以了解到每个运动员的心理特点和问题，进而制定相应的心理训练计划和心理支持措施。这有助于提高运动员的心理抗压能力，增强其应对竞争和挑战的能力，从而提升整体的训练和比赛表现。

除了心理问卷调查外，心理测试也是评估运动员心理素质的另一种重要方法。心理测试可以通过一系列的标准化心理测量工具来评估运动员的心理特点和心理健康状况，为教练提供更全面的心理素质评估数据。这种评估方法的应用为运动员提供了更好的心理支持和辅导，有助于他们克服心理障碍，保持良好的心态，从而在训练和比赛中取得更好的成绩。

（二）定性评估方法

1. 观察记录

观察记录是评估运动员训练和比赛表现的重要手段之一。通过仔细观察运动员在训练和比赛中的表现，教练可以获取大量的实时信息，从而对运动员的训练状态和表现进行全面分析和评估。观察记录的内容通常包括以下几个方面。

（1）动作技术

教练员可以观察运动员在训练和比赛中的动作技术是否规范、流畅，以及是否存在一些技术上的不足或错误。例如，对于足球运动员，教练可以观察他们的传球、控球、射门等技术动作是否准确，是否存在技术细节上的问题。

（2）训练态度

观察运动员在训练中的态度和精神状态也是评估的重要方面。教练可以关注运动员的训练积极性、专注度、执行力和团队合作精神等方面的表现。例如，教练可以观察运动员是否积极主动地参与训练，是否认真对待每一个训练环节，以及是否与队友之间存在良好的合作关系。

（3）比赛表现

观察运动员在正式比赛中的表现也是评估的重要内容。教练可以观察运动员在比赛中的技术水平、心理素质、应变能力等方面的表现，从而评估他们在竞技状态下的综合能力和表现水平。例如，教练可以观察运动员在比赛中的发挥是否稳定，是否能够应对各种复杂情况，并根据观察结果进行相应的训练调整和指导。

观察记录的优势在于其实时性和直观性，教练可以通过直接观察和记录来获取运动员的真实表现，不受其他因素的影响。同时，观察记录也为教练提供了与运动员直接交流和沟通的机会，可以及时传达评价和建议，从而促进他们的进步和提高。

2. 教练评估

教练评估在体育训练中具有至关重要的地位，其作用不仅在于评估运动员的表现，更在于指导和引导运动员实现其潜力，并提高竞技水平。教练评估通常涵盖了多个方面，旨在全面了解运动员的训练情况和进步状况。

第一，教练评估需要关注运动员的身体素质。身体素质是运动员能否在赛场上表现出色的基础，因此，教练需要评估运动员的耐力、速度、力量和柔韧性等方面。通过定量的测试项目和工具，如跑步测试、举重测试、柔韧性测试等，教练可以客观地评估运动员的身体素质水平。

第二，教练评估也需要关注运动员的技术水平。技术水平直接影响着运动员在比赛中的表现，因此，教练需要评估运动员在具体运动项目中的技术动作是否规范、准确。通过技术评分和录像回放等方式，教练可以深入了解运动员的技术细节，及时发现问题并提供指导和训练建议。

第三，教练评估还需要关注运动员的心理状态。心理素质在竞技体育中同样至关重要，因为它直接影响着运动员的表现和心态。教练可以通过心理问卷调查、观察记录以及与运动员的沟通交流等方式，评估运动员的自信心、应对压力能力和心理稳定性等方面的情况，从而为他们提供心理辅导和支持。

第四，教练评估还需要考虑运动员在实际比赛中的表现。比赛成绩是评估运动员训练效果的重要指标之一，因此，教练需要观察和分析运动员在正式比赛中的表现，从中发现问题和改进空间，并调整训练计划和方法。

三、训练效果评估结果的分析与调整策略

针对运动员的训练效果进行评估后，教练需要深入分析评估结果，并制定相应的调整策略，以进一步提高运动员的竞技水平和训练效果。以下是针对评估结果的分析和可能采取的调整策略。

（一）分析评估结果

1. 评估运动员的优势和劣势

在对运动员的训练效果进行评估时，首先需要确定他们的优势和劣势，这

对于制定后续的训练计划至关重要。评估结果应该考虑以下几个方面。

（1）技术水平

评估运动员的技术水平是体育训练中至关重要的一环。技术水平的评估涉及对运动员在各项技术动作上的表现进行全面、系统地分析。这包括基本技术、进阶技术以及比赛技巧等方面。通过对技术水平的评估，可以更好地了解每位运动员的优势和不足，为其提供个性化的训练指导和发展方向。

首先，需要对运动员的基本技术进行检查和分析。基本技术是运动员掌握的最基本、最基础的技术动作，是其他高级技术的基础。这包括动作的正确性、稳定性和流畅性等方面。通过对基本技术的评估，可以初步了解运动员的技术水平和训练需求。

其次，需要对运动员的进阶技术进行评估。进阶技术是在基本技术的基础上进一步发展和完善的技术动作，通常需要更高的技术要求和训练难度。评估进阶技术时，需要重点关注技术的复杂性、难度和精准度等方面，以及运动员在比赛中应用这些技术的能力。

最后，比赛技巧也是评估的重要内容之一。比赛技巧是指运动员在比赛中运用各种技术动作和战术策略，以获取优势并取得胜利的能力。评估比赛技巧时，需要考察运动员的应变能力、竞技状态和比赛经验等因素，以及他们在实际比赛中的表现情况。

（2）体能素质

运动员的体能素质是其在运动训练和比赛中表现出来的身体各项能力的总称。体能素质包括力量、耐力、速度、柔韧性等多个方面，每个方面都对运动员的竞技表现和训练效果有着重要的影响。

首先，力量是体能素质中至关重要的一项。力量训练能够提高运动员的肌肉力量和爆发力，使其在比赛中能够更好地发挥力量优势，如在跳跃、投掷和推动等动作中。对于田径项目来说，例如跳高、跳远、铅球等项目都对力量有着较高的要求。

其次，耐力是体能素质的另一个重要方面。耐力训练可以提高运动员的心肺功能和肌肉耐力，使其在比赛中能够保持较长时间的高强度运动状态，延缓疲劳的发生，从而提高持续竞技能力。长跑、中长跑、马拉松等项目都需要良好的耐力表现。

再次，速度是体能素质中的关键指标之一。速度训练可以提高运动员的爆发力和加速能力，使其在短跑、短距离赛跑等项目中能够迅速达到最高速度，并在比赛中取得优势。在田径比赛中，如短跑、接力等项目都强调速度的重要性。

最后，柔韧性是体能素质中的另一个重要方面。良好的柔韧性可以提高运动员的运动范围和灵活性，减少运动损伤的发生，同时有助于技术动作的完成。例如，跳高、跳远等项目对柔韧性有较高的要求，灵活的身体能够更好地完成技术动作。

（3）心理素质

心理素质是指运动员在运动训练和比赛中表现出来的心理特点和能力，包括但不限于自信心、毅力、专注力、意志力、应对压力的能力等。这些心理素质在运动员的整体表现和竞技成绩中扮演着至关重要的角色。

第一，自信心是一种积极的心态，对于运动员的竞技表现具有重要意义。自信的运动员更有可能克服挑战，应对比赛中的各种情况，并保持良好的心理状态。自信心的培养可以通过良好的心理建设和成功的训练经验来实现。

第二，毅力是运动员在面对困难和挑战时坚持不懈的意志品质。在长期的运动训练和比赛中，运动员可能会遇到各种困难和挑战，而良好的毅力可以帮助他们坚持训练，战胜困难，实现个人目标。

专注力是指运动员在比赛或训练中保持注意力高度集中的能力。只有专注于目标，才能更好地发挥自己的技能和潜力，在关键时刻做出正确的决策和反应。通过心理训练和专注力训练，运动员可以提高专注力，提升竞技水平。

意志力是一种重要的心理素质，它能够帮助运动员克服困难和挑战，在逆境中保持乐观的态度，并坚持追求自己的目标。意志力的培养需要运动员不断挑战自己的极限，逐步提高自己的抗压能力和心理素质。

2.识别训练的瓶颈和障碍

在评估结果中，需要识别导致训练效果不佳或进步缓慢的瓶颈和障碍。这些问题可能是多方面的，需要综合考虑以下几个方面。

（1）训练计划不合理

评估训练计划的科学合理性是运动训练中至关重要的一环。一个科学合理的训练计划应该考虑到多个方面，包括训练强度、周期安排、技术和体能训练的平衡等因素。

第一，训练强度是指训练的负荷和强度程度。如果训练强度过大或过小，都可能导致运动员的训练效果不佳。过大的训练强度可能导致运动员的过度训练和伤病风险增加，而过小的训练强度则可能无法达到预期的训练效果。因此，需要根据运动员的实际情况和训练阶段合理控制训练强度，确保其在合适的范围内进行。

第二，周期安排是指训练计划的时间分配和周期性安排。一个科学合理的训练计划应该考虑到周期性训练的原则，包括恢复期和适应期的合理安排。在恢复期，运动员可以适当减少训练强度，让身体得到充分的休息和恢复；而在适应期，则可以逐渐增加训练强度，促进运动员的适应能力提高。

第三，技术和体能训练的平衡也是 个重要的考虑因素。训练计划应该合理安排技术训练和体能训练的比例，根据运动员的特点和项目需求确定合适的比例。过分偏重技术训练可能导致体能水平下降，而过分偏重体能训练则可能影响技术水平的提高。因此，需要在训练计划中平衡考虑技术和体能训练的比例，确保二者的协调发展。

（2）训练内容不足

评估训练内容的充分性和全面性是确保运动员全面发展和提高竞技水平的关键之一。一个有效的训练计划应该涵盖各项技术动作和体能素质的训练，确保运动员在各方面都能够得到充分的发展和提高。

一方面，训练内容应该涵盖各项技术动作的训练。不同的田径项目涉及不同的技术动作，如短跑需要训练起跑、加速、终点冲刺等技术动作，跳高需要训练起跳、飞身、过杆等技术动作。因此，一个科学合理的训练计划应该根据具体项目的要求，设计相应的技术训练内容，确保运动员在各项技术动作上都能够得到充分地训练和提高。

另一方面，训练内容还应该包括对各项体能素质的训练。体能素质是运动员竞技水平的重要组成部分，包括力量、耐力、速度、柔韧性等方面。一个有效的训练计划应该综合考虑各项体能素质的训练，确保运动员在体能方面的全面发展。例如，力量训练可以通过举重、器械训练等方式进行，耐力训练可以通过长跑、游泳等有氧运动进行，速度训练可以通过短跑、爆发力训练等方式进行，柔韧性训练可以通过拉伸、瑜伽等方式进行。

（3）技术细节未达要求

在田径训练中，技术细节的重要性不言而喻。技术细节的不到位可能是导致运动员技术水平无法达到预期的主要原因之一。技术细节的不到位可能表现在许多方面，包括动作的正确性、力量的施加方式、步伐的节奏、身体姿势的控制等等。

第一，技术细节的不足可能导致动作的不正确或不规范。在短跑项目中，例如，起跑动作不够稳健，起跑姿势不正确，或者加速阶段步伐节奏不匀称，都会影响到整个比赛的表现。在跳远项目中，起跳时身体姿势不正确，飞身动作不够灵活，都可能导致跳远距离无法达到预期。

第二，技术细节的不到位可能影响力量的施加方式和运用效果。例如，在标枪投掷项目中，投掷动作的不正确或力量的施加方式不恰当，可能导致标枪没有得到足够的推动力，影响了投掷的远距离。

第三，步伐的节奏和身体姿势的控制也是技术细节的重要方面。在中长跑项目中，如果运动员的节奏控制不好，可能导致耗能不均匀，影响比赛中后段的表现。在跳高项目中，如果运动员的起跳姿势和身体姿势控制不到位，可能导致跳远高度无法突破。

（4）心理素质不够

在田径训练中，心理素质的重要性不言而喻。运动员的心理素质不仅直接影响着他们在比赛中的表现，还会对训练效果产生深远的影响。因此，观察和评估运动员的心理素质方面是否存在问题至关重要。常见的心理素质问题包括自信心不足、比赛压力过大、焦虑情绪等。

第一，自信心不足可能是许多运动员面临的问题之一。缺乏自信心会导致运动员在比赛中产生紧张和焦虑，影响其表现。在田径比赛中，自信心是取得好成绩的关键之一，因为它可以帮助运动员在关键时刻保持镇定和专注，发挥出自己的最佳水平。缺乏自信心可能导致运动员在关键时刻丧失信心，影响比赛结果。

第二，比赛压力过大也是一种常见的心理素质问题。田径比赛往往伴随着激烈的竞争和巨大的压力，对运动员的心理素质提出了很高的要求。一些运动员可能因为对比赛结果的过分关注而感到压力巨大，导致他们在比赛中表现不佳。过大的比赛压力可能会影响到运动员的思维和决策，降低其比赛状态和表现水平。

第三，焦虑情绪也可能影响到运动员的表现和训练效果。焦虑情绪可能源于对比赛结果的担忧、对自身能力的怀疑或对未知因素的恐惧。焦虑情绪会干扰运动员的注意力和集中力，影响其在比赛中的表现。因此，及时发现和缓解运动员的焦虑情绪对于提高其比赛水平和训练效果至关重要。

3.考虑外部因素的影响

除了运动员自身的因素，评估结果还需要考虑外部因素对训练效果的影响。这些外部因素可能包括以下几点。

（1）营养

营养在体育训练中的重要性不言而喻。对于运动员来说，合理的营养摄入是保证身体健康、提高运动表现的关键之一。营养的充足和合理搭配对于促进身体的恢复和增强训练效果具有重要影响。

第一，充足的营养摄入是维持运动员身体健康和增强体能的基础。运动员在进行高强度的训练和比赛过程中，身体消耗大量能量和营养物质，如果营养摄入不足，会导致身体能量不足、免疫力下降、肌肉疲劳等问题，影响运动员的身体状态和表现水平。

第二，合理搭配的营养对于促进身体的恢复和修复具有重要作用。在运动过程中，肌肉组织会受到损伤和磨损，合理的营养摄入可以帮助运动员加速肌肉组织的修复和恢复，减少运动后的疲劳感，保持身体状态的良好。

第三，营养的合理搭配还可以提高运动员的训练效果和竞技表现。不同类型的训练需要不同的营养支持，例如高强度训练需要增加碳水化合物和蛋白质的摄入量，以提供足够的能量和促进肌肉合成。此外，合理的水分补充也是保证训练效果的关键之一，因为水分的丢失会导致体温调节能力下降和运动表现下降。

第四，适当的营养摄入还可以帮助运动员控制体重和体脂，保持身体的最佳状态。对于需要控制体重的运动员来说，合理的营养摄入可以帮助他们达到理想的体重和体脂含量，从而提高运动表现和竞技水平。

（2）休息

休息是体育训练中同样至关重要的一环。运动员在高强度的训练和比赛中消耗了大量的体力和精力，而充足的休息时间是帮助他们恢复体能、调整心理状态的关键。休息时间是否充足，以及是否保证了良好的睡眠质量，直接关系到运动员身体状态的恢复和训练效果的提高。

第一，足够的休息时间是保证身体能够充分恢复和修复的重要保障。在高强度的训练后，运动员的肌肉组织会受到一定程度的损伤，需要足够的休息时间来进行修复和生长。此外，适当的休息还可以帮助运动员缓解疲劳，恢复精力，以应对接下来的训练和比赛。

第二，保证良好的睡眠质量对于运动员的身体和心理健康同样至关重要。深度、充足的睡眠是身体恢复和生长的重要时机，有助于促进肌肉组织的修复和生长，调节神经系统的功能，维持身体各项机能的平衡。此外，良好的睡眠还可以提高运动员的注意力、反应速度和心理状态，对于训练效果的提高具有积极的促进作用。

（3）生活习惯

运动员的生活习惯在其训练效果和竞技状态方面起着至关重要的作用。健康规律的生活习惯可以提高身体素质、提升体能水平，并有助于保持良好的心理状态，从而为运动员在训练和比赛中取得优异成绩提供有力支持。相反，不良的生活习惯或不健康的生活方式可能会对运动员的表现产生负面影响。

第一，健康规律的生活习惯对于维持良好的身体状态至关重要。这包括良好的饮食习惯、规律的作息时间以及适度的休息。合理搭配营养均衡的饮食可以为运动员提供所需的能量和营养素，有助于支持他们的训练和比赛需求。规律的作息时间可以保证充足的睡眠和良好的生物钟，促进身体的恢复和调整。适度的休息则能够缓解疲劳，恢复体能，增强身体的抵抗力和适应能力。

第二，良好的生活习惯也对于保持良好的心理状态至关重要。这包括积极乐观的心态、良好的情绪管理能力以及有效地应对压力和焦虑的能力。运动员面对激烈的竞争和压力时，良好的心理状态能够帮助他们保持自信、专注和坚韧，更好地面对挑战和困难。

（二）调整策略

1.调整训练内容和方法

针对评估结果中发现的问题，需要对训练内容和方法进行相应的调整。具体包括以下内容。

（1）加强弱项训练

针对运动员的训练弱项，增加相关的训练内容，注重技术和体能的提升。

例如，对于技术不够熟练的项目，需要增加针对性的技术训练；对于体能不足的问题，需要增加相应的体能训练项目。

（2）修正技术细节

重点对技术细节进行修正和提高，确保运动员的动作准确、规范。通过细致的技术指导和反复练习，使运动员掌握正确的技术动作，提高训练效果。

（3）改进训练方法

根据运动员的实际情况和需求，探索更适合其特点的训练方法和手段。可能需要引入新的训练设备或技术，创新训练方式，提高训练的科学性和趣味性。

2. 个性化指导和辅导

针对不同运动员的特点和需求，提供个性化的指导和辅导，以更好地发挥其潜力和优势。具体包括以下几个方面。

（1）挖掘特长和潜力

挖掘每位运动员的特长和潜力是提高训练效果和竞技水平的重要策略之一。通过深入了解运动员的个人特点、技能和体能素质，可以更好地发掘其潜在的优势，为其提供个性化的指导和培训，从而实现更好的训练效果和竞技表现。

第一，针对每位运动员的个人特点进行全面分析和评估是挖掘其特长和潜力的关键。这涉及对运动员的身体素质、技术水平、心理素质等方面的详细观察和测评。通过对运动员的训练过程和比赛表现进行分析，可以发现其在某些方面可能具有突出的表现或潜力。例如，某位运动员可能在速度方面具有出色的天赋，而另一位可能在柔韧性或力量方面有所突出。

第二，针对发现的特长和潜力，制定相应的培养和发展计划是至关重要的。这需要根据每位运动员的具体情况和需求，量身定制个性化的训练方案。针对特定的技术或体能素质进行有针对性地训练，加强其优势项目，弥补其短板，从而全面提升其竞技水平。例如，如果某位运动员在某项技术上表现突出，可以通过增加相关技术的训练强度和频率，以及引入更高级别的训练方法和技术细节，进一步发挥其潜力。

第三，注重个性化的指导和辅导也是挖掘特长和潜力的关键。教练需要与每位运动员建立良好的沟通和信任关系，了解其个人目标、需求和困难，针对性地提供支持和指导。通过与运动员的密切合作和交流，可以更好地发现其潜在的优势和特长，并帮助其充分发展和应用。

（2）提升个人技术和心理素质

提升每位运动员的个人技术和心理素质是实现其全面发展和竞技成功的关键。通过有针对性的技术训练和心理辅导，可以帮助运动员克服技术和心理上的障碍，更好地适应比赛和训练的挑战，从而提高其竞技水平和表现。

第一，针对个人技术方面，个性化的技术训练是必不可少的。这需要根据每位运动员的特点和需求，量身定制专门的技术训练计划。针对运动员在某些技术方面的不足或存在的问题，制定针对性地训练目标和方法。通过反复的技术练习和训练，加强运动员的技术基础，提高其技术水平和应对能力。例如，在短跑项目中，针对起跑动作或加速阶段存在的问题，可以通过重复练习和技术指导，逐步改进和提高运动员的起跑技术和加速能力。

第二，心理素质的提升也是至关重要的。每位运动员在面对比赛和训练时，都会面临不同程度的心理压力和挑战。因此，通过心理辅导和训练，可以帮助运动员培养良好的心理素质，增强其应对压力和挑战的能力。这包括提高自信心、保持专注力、培养毅力和应对挫折的能力等。通过心理辅导帮助运动员认识和理解自己的情绪和心态，学会有效的心理调节和自我激励技巧，从而更好地应对比赛中的各种情况和困难。

3.调整训练计划和周期

根据评估结果，对训练计划和周期进行调整，以更好地满足运动员的需求和训练目标。具体包括以下几个方面。

（1）合理安排训练内容和休息时间

合理安排训练内容和休息时间对于运动员的身体健康和训练效果至关重要。运动训练应该根据每位运动员的身体状况、训练目标和训练进展进行个性化的安排，以确保训练科学有效，避免过度训练和休息不足的问题的发生。

第一，针对训练内容的安排，需要根据运动员的具体情况进行合理地规划。这包括确定训练的类型、强度、频率和持续时间等方面。针对不同项目和不同阶段的训练目标，可以采用不同的训练方法和内容。例如，在准备阶段，可以注重基础训练和技术细节的提高；在竞赛季节，可以加强针对性训练和比赛模拟，以提高竞技水平和比赛状态。此外，还应该合理安排不同训练内容之间的间隔和休息时间，以确保运动员在训练过程中能够有效地恢复和调整。

第二，关于休息时间的安排，同样需要根据运动员的个体差异和训练负荷进行科学合理的规划。充足的休息时间是保证运动员身体状态良好、训练效果持续提高的关键。在每天的训练安排中，需要合理安排训练和休息的比例，避免连续剧烈训练而导致疲劳积累。此外，在每周和每月的训练计划中，也应该安排适当的休息日和恢复周期，让运动员的身体得到充分地修复和休息，以确保身体机能的恢复和训练效果的提高。

（2）周期性调整训练计划

周期性调整训练计划是运动训练中的重要策略，能够根据训练周期的变化和季节性特点，合理安排训练内容和重点，以最大限度地提高运动员的竞技水平和训练效果。这种调整通常会随着赛季的进程而进行，分为赛季前期、赛季中期和赛季后期三个阶段。

第一，在赛季前期，主要注重基础训练和技术提高。在这个阶段，运动员的目标是通过系统的训练和技术细节的强化，建立起良好的身体基础和技术基础。基础训练包括力量训练、有氧耐力训练和柔韧性训练等，旨在提高运动员的身体素质和运动能力。同时，重点关注技术细节的训练，包括各项技术动作的细致调整和完善，以确保运动员在赛季开始时具备良好的竞技状态和技术水平。

第二，在赛季中期，重点转向比赛模拟训练和竞技状态的提升。随着比赛的临近，训练计划会调整为更加贴近比赛要求的内容和形式。运动员将进行更多的比赛模拟训练，以适应比赛的环境和压力，同时重点训练战术技巧和比赛策略，提高应对赛事的能力和竞技水平。此时，训练强度和频率可能会适当增加，以确保运动员在比赛中能够达到最佳状态，并取得优异成绩。

第三，在赛季后期，进行适当的调整和恢复训练。赛季结束后，运动员需要进行一定的调整和恢复，以帮助他们从赛季的高强度训练中恢复过来，并为下一个训练周期做好准备。这个阶段的训练内容主要包括轻松的恢复性训练、身体素质的保持和调整，以及心理素质的调整和恢复。同时，也要对过去赛季的表现和训练效果进行总结和评估，为未来的训练计划和目标做出合理的调整和安排。

4.及时沟通和交流

保持与运动员及其家长的及时沟通和交流，了解他们的想法和反馈，共同商讨问题解决的方法。具体内容包括以下几个方面。

（1）倾听运动员的意见

倾听运动员的意见在运动训练中具有重要意义，这有助于建立良好的教练与运动员之间的沟通和信任关系，同时也能够更好地满足运动员的需求和期望，提高他们的参与感和责任感。在训练计划和调整的讨论中，教练应该鼓励运动员积极表达自己的看法，并认真倾听他们的意见和建议。

第一，倾听运动员的意见可以帮助教练更好地了解他们的需求和期望。每位运动员都有自己的特点和目标，他们对于训练计划和调整可能有着不同的看法和建议。通过倾听他们的意见，教练可以更准确地把握运动员的训练需求，针对性地调整训练计划，使其更符合运动员的实际情况和个人目标。

第二，倾听运动员的意见可以增强他们的参与感和责任感。当运动员感觉到自己的意见受到重视和尊重时，他们会更加积极地参与训练过程，增强对训练的投入和责任感。这有助于提高训练的效果和成果，促进运动员的个人成长和团队凝聚力的增强。

第三，倾听运动员的意见也有助于建立良好的教练运动员关系。通过与运动员进行沟通和交流，教练可以更好地了解他们的想法和情绪，建立起互相尊重和信任的关系。这有助于提高教练的领导效能，增强团队的凝聚力和战斗力，共同追求训练和比赛的成功。

（2）解决问题并激励运动员

解决运动员在训练中遇到的问题和困难是教练的责任之一，同时激励他们保持积极的训练态度更是至关重要的。首先，教练需要具备足够的沟通能力和敏锐的观察力，及时发现并理解运动员面临的问题。这些问题可能涉及技术动作的不到位、体能素质的欠缺、心理素质的不足等各个方面。通过与运动员建立起良好的沟通渠道，教练可以更加深入地了解他们的困难所在，并寻找解决问题的方法。

解决问题的过程中，教练需要展现出耐心和责任心，给予运动员充分地支持和帮助。针对不同的问题，教练可以采取多种方式进行解决。例如，在技术动作方面，可以通过示范、细致的讲解和个别辅导来帮助运动员改进动作技巧；在体能素质方面，可以制定针对性的训练计划，加强相关的体能训练；在心理素质方面，可以进行心理辅导和心理训练，帮助运动员克服困难，保持良好的心态。

　　同时，教练还需要激励运动员，让他们保持积极的训练态度，鼓励他们坚持不懈地努力追求目标。通过及时的肯定和赞扬，可以增强运动员的自信心和动力，激发他们更大的潜力。教练还可以通过设定合适的目标和挑战，激励运动员不断提高自己，追求更高的成就。

第五章　高校技术性项目的教学与训练

第一节　技术性项目的特点和要求

一、技术性项目的特点

技术性项目在高校体育教学中具有以下几个显著特点。

（一）复杂性

1.技术性项目的复杂性源于动作多样性

技术性项目在高校体育教学中的复杂性主要体现在动作和技能的多样性。以网球为例，学生需要掌握发球、接球、击球等多种动作，每个动作都需要精准的身体协调和技巧。发球动作涉及身体的协调、手部的技巧、姿势的调整等多个方面，而接球则需要快速的反应能力和准确的击球技巧。因此，学生在学习技术性项目时需要逐步掌握并精细化这些复杂的动作要领。

2.技术性项目的层次性要求持续学习和提高

技术性项目的复杂性还体现在其具有层次性的要求上。学生不仅需要掌握基础动作，还需要不断深入学习和提高。以篮球为例，学生在运球动作上需要从简单的基础运球逐步发展到高难度的盲目运球或变向运球。这种层次性要求使得学生在技术性项目的学习过程中需要持续投入时间和精力，不断提高自己的技术水平。

3.技术性项目的复合性需要综合运用多种技能

在技术性项目中，往往需要综合运用多种技能才能完成一个动作或动作组合。以体操为例，学生在完成一个器械动作时需要综合运用力量、柔韧性、平衡性等多种技能，才能完成一个完整的动作。这种复合性要求使得学生在学习技术性项目时需要全面发展自己的各项技能，提高自己的综合素质。

（二）挑战性

1.技术性项目的挑战性来自动作的精准性和速度要求

技术性项目对学生的挑战性较高，主要体现在动作的精准性和速度要求上。许多技术动作需要学生在较短的时间内做出精确的反应和调整，这不仅需要身体的灵活性和协调性，还需要高度的专注力和反应速度。例如，在击剑项目中，学生需要在对手出招的瞬间做出准确的防守或进攻动作，这对学生的身体素质和技术水平提出了很高的要求。

2.技术性项目的挑战性促进学生的成长和进步

尽管技术性项目的挑战性较高，但这也促进了学生的成长和进步。在面对挑战时，学生需要不断调整自己的状态和技术，寻找最佳的解决方案。通过挑战性训练，学生可以提高自己的专注力、反应速度和技术水平，从而在比赛或实践中表现得更好，取得更好的成绩。

（三）专业性

1.技术性项目的专业性要求系统训练和技术指导

学习和掌握技术性项目需要长时间的系统训练和专业的技术指导。不同技术性项目有其独特的技术要求和特点，例如，游泳项目要求学生掌握正确的呼吸技巧和姿势，而击剑项目则需要学生具备精准的判断和反应能力。因此，教学和训练需要注重技术细节的讲解和指导，培养学生的专业素养和运动技能。

2.技术性项目的专业性需要结合理论和实践相结合

在教学和训练过程中，技术性项目的专业性不仅体现在理论知识的传授，还需要结合实践训练进行。学生通过理论学习可以了解技术动作的原理和要领，但只有通过实践训练才能真正掌握技术动作的精髓，形成肌肉记忆，并能在比赛或实际应用中游刃有余。因此，教学和训练需要注重理论与实践相结合，为学生提供充足的练习机会和实践平台。

（四）需求实践

1.技术性项目的实践训练是教学的重要组成部分

除了理论学习外，技术性项目还需要大量的实践训练。学生需要通过反复练习来巩固和提高技能水平。实践训练是技术性项目教学的重要组成部分，只有通过大量的反复练习，学生才能真正掌握技术动作的精髓，形成肌肉记忆，并能在比赛或实际应用中游刃有余。

2.技术性项目的实践训练需注重个体化指导与反馈

在实践训练过程中，个体化的指导和反馈对于学生的成长至关重要。每位学生的身体条件、技术水平、学习风格都有所不同，因此，教练和老师需要根据学生的实际情况进行个性化的指导和训练安排。通过及时地反馈和指导，学生可以更快地发现和纠正自己的错误，进而提高技术水平和表现能力。

3.实践训练促进技术动作的巩固与应用

技术性项目的实践训练不仅有助于技术动作的巩固，还能够提高学生在实际应用中的应对能力。通过大量的实践训练，学生可以将技术动作内化为自己的肌肉记忆，从而在比赛或实际运动中更加游刃有余地运用。例如，在足球训练中，反复练习射门动作可以使得学生在比赛中更加自如地完成这一技能，并取得更好的效果。

二、技术性项目的要求

针对技术性项目，对学生提出了以下要求。

（一）技术水平

在技术水平方面，学生需要具备以下几个方面的基本要求。

1.基本技术动作掌握

（1）正确的姿势

学生需要从基本的姿势开始，例如站立、蹲下、跑步姿势等，确保身体各部位的位置和角度符合规范要求。正确的姿势不仅有助于提高动作的效率，还可以减少运动中的不良影响和损伤风险。

（2）动作流畅度

除了正确的姿势外，学生还需要通过练习，使动作变得流畅自然，不生硬不呆板。这需要通过反复练习和模仿专业教练的示范，逐渐达到动作流畅度的要求。

（3）节奏掌握

在某些项目中，节奏感是至关重要的，例如舞蹈、击打类项目等。学生需要通过练习，掌握正确的节奏感，使动作与音乐或者其他节奏相匹配，达到更好的效果。

2.运动技能的掌握

（1）运球技能

针对需要运用球类的项目，如篮球、足球等，学生需要掌握基本的运球技能，包括控球、传球、盘带等。这需要通过细致的技术训练和模拟比赛情景来提高。

（2）射击技能

对于射击类项目，学生需要掌握准确的瞄准和射击技巧，包括稳定的姿势、准确的瞄准、平稳地扣动扳机等。这需要在专业指导下进行反复练习和调整，逐步提高射击的精准度。

（3）体操技能

体操项目要求学生具备良好的身体控制能力和灵活性，包括各种翻腾、平衡、悬挂动作等。学生需要通过系统的体能训练和专业教练的指导，逐步掌握各项技能，并在实践中不断提高。

3.技术水平提升

（1）参加比赛

参加比赛是提高技术水平的重要途径之一，通过与其他选手的较量，可以发现自身的不足之处，并在实践中不断提高技术水平。

（2）切磋交流

与其他学生或者专业教练进行切磋交流，可以学习到不同的技术和训练方法，拓宽视野，促进水平的提升。

（3）接受专业指导

接受专业教练的指导是提高技术水平的关键，他们可以根据学生的特点和需求，制定个性化的训练计划和指导方案，帮助学生更快地提升技术水平。

（二）身体素质

在身体素质方面，学生需要具备以下几个方面的能力。

1.力量

（1）肌肉力量

学生需要通过体能训练和专门的力量训练来提高肌肉力量。这包括针对不同肌群的训练，例如腿部、背部、胸部等，以及使用器械或自重进行举重、俯卧撑等动作。

（2）支撑能力

除了单纯的肌肉力量外，学生还需要锻炼肌肉支撑能力，使得肌肉能够支撑和稳定身体在运动中的各种姿势和动作。这可以通过核心训练、平衡训练等方式来实现。

2.耐力

（1）持久力

耐力训练是提高学生持久力的关键。通过长时间的有氧运动，如跑步、游泳、骑行等，可以提高心肺功能和耐力水平，使学生能够在项目中保持较长时间的高强度运动。

（2）快速恢复能力

除了长时间持续运动外，学生还需要具备快速恢复的能力，以减少疲劳和提高持久力。这可以通过间歇训练和正确的饮食调配来实现，促进身体快速恢复能量和肌肉功能。

3.速度

（1）爆发力

在一些项目中，爆发力和速度是取胜的关键。学生需要进行爆发力训练，提高短跑、跳跃等瞬间爆发的能力，以便在比赛中迅速超越对手。

（2）反应能力

除了纯粹的跑动速度外，学生还需要具备快速反应的能力，在比赛或实践中能够迅速做出正确的反应和动作。这可以通过专门的反应训练和技术练习来提高。

4.灵活性

（1）关节灵活性

学生需要进行针对关节的拉伸训练，以增加关节的活动范围和柔韧性。这可以通过瑜伽、伸展操等活动来实现，使身体更加柔软灵活。

（2）身体协调性

除了关节灵活性外，学生还需要培养身体的协调性，使得各个部位的动作能够流畅自然地配合起来。这可以通过各种身体协调性训练和动作练习来实现，提高技术性项目中的执行效果。

（三）专注力

在专注力方面，学生需要具备以下几个方面的素养。

1. 集中注意力

（1）认知训练

学生需要通过认知训练来提高集中注意力的能力。这包括练习注意力的分配和控制，例如通过观察练习或者解决问题来增强对特定任务的专注度。

（2）冥想训练

冥想是一种有效地提高专注力的方法。学生可以通过定期的冥想练习，集中注意力于呼吸或身体感觉等对象，从而增强内在的专注力和意识的清晰度。

（3）专注力训练

专注力训练是一种系统性的训练方法，可以帮助学生提高长时间内保持专注的能力。这包括通过注意力训练游戏、解决复杂问题等方式，逐步提升学生的专注力水平。

2. 抗干扰能力

（1）心理调适

学生需要通过心理调适来增强抗干扰能力。这包括通过自我暗示、情绪调节等方式，使自己保持冷静和平静，不受外界因素的干扰。

（2）注意力控制

在面对外界干扰时，学生需要学会控制自己的注意力，将注意力集中于当前任务上，忽略无关因素的干扰。这需要通过反复训练和实践来逐步提高。

（3）专注训练

专注力训练不仅可以提高专注力水平，还可以增强学生对外界干扰的抵抗能力。通过模拟各种环境下的训练情景，帮助学生逐步适应和应对各种干扰因素。

（四）持之以恒

1. 目标设定

学生需要明确目标并制定可行的计划，以保持持之以恒的品质。设定短期和长期目标，并制定相应的步骤和时间表，有助于学生在学习和训练过程中保持动力和耐心。

2. 坚定信念

学生需要坚信自己的能力和价值，相信持之以恒地付出一定会取得回报。这种信念可以增强学生的毅力和耐心，使他们在面对困难和挑战时不轻言放弃。

3. 自我激励

学生可以通过自我激励来保持持之以恒的品质。这包括给自己奖励、与他人分享进步、不断反思和调整等方式，激励自己坚持不懈地追求目标。

第二节 技术性项目的教学设计

一、教学内容与教学方法的结合

（一）教学内容的分析与确定

1. 项目特点分析

在进行教学设计之初，对所涉及的技术性项目进行全面的特点分析至关重要。这样的分析包括对项目的各个方面进行综合评估，以便更好地确定教学内容的重点和难点。

第一，需要对项目的规则进行深入了解。规则是技术性项目的基础性要素，它规范了比赛的进行方式、参与者的行为准则等。教师和学生必须清楚地了解这些规则，以确保在教学过程中不会偏离比赛的正常轨道。

第二，需要对项目的技术要求进行详细分析。不同的技术性项目对参与者的技能水平有着不同的要求，这些要求可能涉及动作的准确性、速度的要求、力量的应用等方面。教师需要将这些技术要求逐一梳理清楚，以便有针对性地设计教学内容和训练计划。

第三，比赛规则也是特点分析的重要内容之一。不同的比赛规则会对项目的技战术特点产生重大影响，例如在规则允许的范围内如何最大化发挥选手的技能、如何利用规则漏洞获得优势等。

第四，还需要考虑到项目所处的环境特点，例如比赛场地的特点、气候条件对比赛的影响等。这些因素可能会直接影响到选手的表现和训练计划的制定。因此，在教学设计之初，对技术性项目进行全面的特点分析是确保教学内容和方法科学有效的重要前提。

2.技术要求明确

在教学设计中，明确反映项目的技术要求是至关重要的。这意味着教学内容必须以项目的技术要求为基础，将其细化为具体的动作、技能和策略，从而为学生提供清晰的指导和学习方向。技术要求的明确性不仅有助于学生理解项目的核心要素，还能够为他们的技能提升提供有效的指引和训练方案。

第一，明确的技术要求可以帮助学生建立正确的学习目标。通过了解项目所需的具体技能和动作，学生可以更清晰地了解到自己需要努力提升的方向，从而有针对性地制定学习计划和训练目标。

第二，明确的技术要求有助于教师设计有效的教学内容和方法。教师可以根据技术要求的细化内容，有针对性地选择合适的教学方法和手段，设计丰富多样的教学活动，以促进学生对技能的全面理解和掌握。

第三，明确的技术要求还能够帮助学生建立自信心。通过逐步掌握项目所需的具体技能和动作，学生可以逐渐提升自己的技能水平，增强自信心，从而更加积极地投入到学习和训练中。

（二）教学方法的选择与应用

在技术性项目的教学中，选择合适的教学方法并灵活应用是至关重要的。不同的教学方法适用于不同的教学场景和学生群体，可以有效地促进学生的学习效果和技能提升。

1.示范教学法

示范教学法是一种教学方法，其以教师或高水平学生的示范为核心，旨在向学生直观展示正确的动作和技能执行方式。这种方法通过生动、具体的示范过程，为学生提供了一个直观、真实的学习模型，能够有效地促进学生的学习理解和技能掌握。

第一，示范教学法注重的是教学内容的生动呈现。通过教师或高水平学生的示范，学生可以直观地感受到正确的动作和技能执行方式。这种直观性使得学生更容易理解和模仿，有助于提高学习效率和学习质量。例如，在体育课上，教师可以通过示范展示正确的体育动作，如投篮、传球等，让学生能够清晰地看到正确的动作路径和技能要领。

第二，示范教学法强调的是示范者的权威性和可信度。教师或高水平学生作为示范者，其具有丰富的经验和专业知识，能够为学生树立良好的学习榜样。学生通常会对示范者产生信任和尊重，从而更加积极地参与学习，并努力模仿示范者的动作和技能。这种权威性和可信度可以激发学生的学习兴趣和动力，提高他们的学习效果。

第三，示范教学法要求示范过程具有规范性和精准性。教师或高水平学生在示范过程中应该注重动作的规范性，确保每一个动作都符合技术要求和执行标准。同时，示范者的动作应该精准、流畅，以确保学生能够清晰地理解和模仿示范内容。这种规范性和精准性可以帮助学生建立正确的学习观念和技能认知，为他们的学习打下坚实的基础。

2. 分层渐进法

分层渐进法是一种深受教育界欢迎的教学方法，其核心理念是根据学生的不同水平和掌握程度，以逐步深入、由浅入深的方式引导学生掌握技术要求。这种方法通过分阶段、渐进式的教学安排，有针对性地满足学生的学习需求，促进他们学习效果的提高。

第一，分层渐进法注重教学内容的分层次安排。教师会根据学生的现有水平和理解能力，将教学内容分解为不同的层次或阶段。这样的分层安排有助于学生逐步建立起技能的层次结构，从简单到复杂、从易到难抵逐步引导学生掌握技术要求。

第二，分层渐进法强调教学过程的渐进式深化。在每个阶段，教师会依据学生的学习情况和反馈，逐步加深教学内容的难度和深度。这种渐进式的深化有助于保持学生学习的连贯性和稳定性，避免学习的间断性和断层感。

第三，分层渐进法还注重教学过程的个性化设计。教师会根据学生的个体差异，采用个性化的教学方法和手段，满足不同学生的学习需求。例如，对于学习能力较弱的学生，教师可以提供更多的辅导和指导；对于学习能力较强的学生，教师可以提供更深入、更具挑战性的学习任务。这种个性化设计有助于激发学生的学习兴趣和积极性，提高他们的学习效果和成就感。

3. 个性化指导法

在高校体育教学中，个性化指导法是一种关键的教学方法，旨在根据学生的个体特点和学习需求，量身定制教学方案和指导方式，以达到更有效的教学效果。这一方法的核心理念是将学生视作个体，关注每个学生的独特需求，从而更好地满足其学习需求并提高其学习成效。

第一，个性化指导法强调了对学生个体差异的重视。每个学生在体育教学中的基础知识、技能水平、学习动机和学习习惯等方面存在差异。因此，教师需要认真了解每位学生的特点，包括其学习风格、兴趣爱好、身体状况等，从而制定针对性地教学计划和指导方案。

第二，个性化指导法注重了教学方法的差异化运用。教师在教学过程中应根据学生的不同特点和需求，灵活运用不同的教学方法和手段。对于学习能力较强的学生，可以采用更具挑战性和深度的教学任务和学习项目；对于学习能力较弱或学习兴趣不高的学生，则可以采用更生动有趣的教学活动和案例，以激发其学习兴趣和积极性。

第三，个性化指导法强调了对学生学习进度的灵活调整。教师需要密切关注学生的学习情况和反馈，及时调整教学计划和指导方式。对于学习进度较快的学生，可以适当加快教学进度，提供更深入的学习内容；对于学习进度较慢或存在困难的学生，则可以提供更多的辅导和支持，以便能克服学习障碍，提高学习效果。

二、教学设计的灵活性与针对性

（一）灵活性的体现

1. 调整教学计划

教学设计应具备一定的灵活性，能够根据实际情况进行灵活调整。这种灵活性体现在教学计划的调整上，以确保教学过程能够顺利进行并有效地促进学生的学习和成长。教师应当密切关注学生的学习进度和反馈情况，及时收集和分析学生的学习表现，然后根据这些信息对教学计划进行调整。例如，如果发现学生对某一部分内容掌握较快，可以适当压缩相关教学时间，以便为其他更困难的内容留出更多的时间。相反，如果学生在某些方面存在困难，可以考虑增加相关的教学时间，并采取更多的辅导和指导措施，以帮助他们克服障碍，提高学习效果。这种教学计划的灵活调整有助于更好地满足学生的学习需求，提高教学的针对性和有效性。

2. 变通教学方法

在教学过程中，教师需要根据学生的学习情况灵活运用不同的教学方法和手段。这种灵活性体现在教学方法的变通上，教师应当根据教学目标、学生的特点和实际情况选择最合适的教学方法，以便更好地促进学生的学习和发展。有时候，传统的讲授方式可能无法很好地激发学生的学习兴趣和主动性，这时教师可以考虑转变为更加活跃和互动的教学方式，例如讨论、实践等。通过让学生参与到教学过程中来，可以更好地激发他们的学习兴趣，提高他们的学习积极性和参与度。另外，有时候教学过程中可能会遇到一些突发情况或问题，教师需要灵活应对，及时调整教学方法和策略，以应对各种挑战和困难，确保教学过程的顺利进行。

（二）针对性的重要性

针对性是教学设计和实施中至关重要的一个方面，它体现在对学生个体差异的考虑以及对问题解决的及时性。这两个方面的重要性不言而喻，对于确保教学效果和学生学习的顺利进行具有深远的意义。

1. 个体差异的考虑

（1）个体化学习需求

学生之间存在着差异化的学习需求，这涉及他们的学习风格、学习能力、兴趣爱好等方面。因此，在教学设计中必须充分考虑到这些个体差异，采取针对性的措施。对于技术水平较低的学生，教师可以提供更多的辅导和指导，例如额外的练习机会、个别化的辅导计划等，以帮助他们逐步提高技能水平，确保他们不会被教学进度拉下。

（2）促进学生自信心

个体差异的考虑还可以帮助教师更好地促进学生的自信心。通过根据学生的实际情况进行个性化的指导和鼓励，可以让每个学生都感受到自己的价值和成就，从而增强他们的自信心和学习动力。

2.问题解决的及时性

（1）学习进程的顺利进行

在学习过程中，学生可能会遇到各种各样的问题和困难。如果这些问题得不到及时解决，可能会影响学生的学习积极性和学习效果，甚至导致学生产生挫折感和焦虑情绪。因此，教师需要具备及时解决问题的能力，以保证学习进程的顺利进行。

（2）个别化指导的重要性

针对学生在学习中遇到的问题，教师需要提供个别化的指导和支持。这可以通过个别辅导、小组讨论、示范演示等方式来实现，以帮助学生解决问题、克服困难，从而顺利地完成学习任务。

三、教学设计与学生技能提升的关系分析

教学设计在教学过程中发挥着至关重要的作用，其关键作用主要体现在激发学习兴趣和促进技能巩固两个方面。

（一）激发学习兴趣

高校体育教学的成功与否很大程度上取决于教师如何有效地激发学生的学习兴趣。为了实现这一目标，以下是几种关键的方法。

1.科学合理地设计

（1）考虑学生特点的教学设计

体育教学设计应当综合考虑学生的年龄、兴趣、水平等因素，以确保内容与学生的实际需求和接受程度相匹配，教师可以根据不同年龄段的学生的心理特点和生理发展阶段设计相应的教学内容和活动。例如，对于小学生，可以注重游戏化教学，通过各种有趣的游戏和竞赛激发他们的学习兴趣；对于高中生，可以更加注重体育理论知识和技能的深入学习，以满足其更高水平的学习需求。

（2）生动有趣的教学内容和活动

为了吸引学生的注意力，教学内容和活动应当生动有趣，具有挑战性和吸引力。教师可以通过引入各种有趣的体育游戏、挑战性的运动项目或创新的教学方法，使学习过程更加丰富多彩。例如，可以设计一些富有创意的体育竞赛活动，如障碍跑、绳梯比赛等，让学生在竞技中体验到学习的乐趣和成就感。

（3）个性化的学习体验

每个学生都有自己独特的兴趣爱好和学习风格，因此教学设计应当提供个性化的学习体验。教师可以根据学生的兴趣爱好和学习需求，设计不同的学习任务和活动，以满足其个性化的学习需求。例如，对于对篮球感兴趣的学生，可以设置篮球技能训练课程；而对于对舞蹈感兴趣的学生，则可以安排舞蹈表演或编舞比赛等活动，让每个学生都能够找到自己感兴趣的学习内容，从而提高学习的积极性和主动性。

2. 多样化的教学方法

（1）游戏化教学

游戏化教学是一种将游戏元素融入教学过程中的教学方法，通过游戏的形式激发学生的学习兴趣和积极性。教师可以设计各种有趣的体育游戏和竞赛活动，如足球比赛、篮球挑战赛等，让学生在游戏中体验到学习的乐趣和成就感，从而提高学习的效果和效率。

（2）案例分析

案例分析是一种以实际案例为基础进行教学的方法，通过分析真实的体育案例，引导学生深入思考和分析，培养其解决问题的能力和创新思维。教师可以选取一些具有代表性的体育案例，如体育赛事中的战术运用、运动员的训练方法等，让学生通过案例分析，深入了解体育领域的实际问题和挑战，从而提高其综合运用知识解决问题的能力。

（3）小组讨论

小组讨论是一种促进学生交流和合作的教学方法，通过小组讨论，学生可以互相交流思想、分享经验，共同解决问题。教师可以将学生分成小组，针对特定的体育问题或情境进行讨论，引导学生提出自己的观点和见解，并就不同观点展开讨论和辩论，从而促进学生思维的碰撞和思想的交流，提高学习的深度和广度。

3. 个性化的学习体验

（1）兴趣导向的学习

个性化的学习体验应当以学生的兴趣为导向，根据学生的兴趣爱好和学习需求设计个性化的学习任务和活动。教师可以通过调查问卷、个人谈话等方式了解学生的兴趣爱好，然后根据其兴趣设计相应的学习内容和活动。例如，对于对足球感兴趣的学生，可以组织足球训练或观赛活动；而对于对篮球感兴趣的学生，则可以设置篮球比赛或技能培训课程，让学生在自己感兴趣的领域找到学习的动力和乐趣。

（2）能力提升的学习

个性化的学习体验还应当注重学生能力的提升和发展。教师可以根据学生的学习水平和能力特点，设计不同难度和挑战性的学习任务和活动，以促进学生的全面发展和进步。例如，对于学习基础扎实的学生，可以设置一些高水平的训练或比赛活动，以挑战其技能极限，激发其进一步提升的动力和兴趣；而对于学习能力较弱的学生，则可以提供更多的辅导和支持，通过个性化的指导帮助他们克服困难，提高学习成绩，从而增强其学习的信心和动力。

（3）情感共鸣的学习

个性化的学习体验还应当注重与学生的情感共鸣，让学生在学习过程中产生情感共鸣和认同感，从而增强其学习的投入和积极性。教师可以通过讲述感人的体育故事、邀请成功的运动员或教练员分享经验等方式，引发学生的情感共鸣，激发其对体育学习的热情和兴趣。此外，教师还可以组织一些有意义的社会实践活动，让学生参与其中，体验到体育事业的意义和价值，从而激发其对体育学习的深入探索和追求。

（二）促进技能巩固

高中体育教学的目标之一是促进学生对体育技能的巩固和提升。为了实现这一目标，以下是几种关键的方法。

1. 设计练习环节

（1）个人练习设计

个人练习是体育教学中重要的巩固技能的环节之一。通过个人练习，学生可以独立地进行技能练习，加深对基本动作的理解和掌握。

针对篮球教学，个人练习可以包括投篮、运球、盘球等基本技能的练习。例如，设计一个投篮练习：学生在篮球场上进行自由投篮练习，从不同位置、不同角度尝试投篮，加深对投篮动作的感觉和准确度。通过不断重复练习，学生可以逐渐提高投篮的命中率和稳定性。

此外，个人练习还可以包括基本技能的组合练习，如运球过人后投篮、盘球突破上篮等，以提高学生的技战术水平。通过个人练习，学生可以在独立练习的过程中不断积累经验，提高技能水平。

（2）小组合作练习设计

小组合作练习是体育教学中促进学生交流合作、增强团队意识的重要环节。通过小组合作练习，学生可以在团队中相互学习、相互促进，共同提高技能水平。

针对足球教学，小组合作练习可以包括传接球、配合进攻、防守协作等内容。例如，设计一个传接球练习：将学生分成若干小组，在场地上进行传接球练习，要求传球者准确传球，接球者稳准接球，并在接球后快速传递给下一位队友，以此提高团队配合能力和技战术水平。

此外，小组合作练习还可以包括模拟比赛情境的练习，如进行小场面比赛或模拟比赛训练，让学生在实战中应用所学技能，提高应对比赛压力的能力。

（3）模拟比赛练习设计

模拟比赛练习是体育教学中营造真实比赛情境、培养学生比赛意识和应变能力的重要环节。通过模拟比赛练习，学生可以在真实的比赛场景中运用所学技能，提高应对比赛压力的能力。

针对网球教学，模拟比赛练习可以包括比赛规则、战术应对、比赛策略等内容。例如，设计一个模拟比赛练习：将学生分成对抗小组，在标准场地上进行网球比赛模拟，要求学生遵循比赛规则，进行正常比赛操作，并在比赛中灵活运用所学技能，制定战术策略，应对对手的进攻，从而提高比赛实战能力。

2. 巩固性评估

（1）技能水平测评

定期的技能水平测评是体育教学中的重要环节，可以帮助教师了解学生对所学技能的掌握情况，及时发现学生的不足之处，以便有针对性地进行教学辅导。

针对篮球教学，技能水平测评可以包括投篮准确度、运球稳定性、传球精准度等内容。例如，设置一个投篮准确度测试项目：学生从不同位置进行固定次数的投篮，记录其命中率和稳定性，以评估其投篮技能水平。通过技能水平测评，教师可以了解学生的技能表现，为后续教学提供指导和调整方向。

（2）实战能力考核

除了基本技能的测评外，实战能力的考核也是体育教学中的重要环节。通过模拟比赛或比赛情境下的实战能力考核，可以评估学生在真实比赛场景中运用所学技能的能力。

针对足球教学，实战能力考核可以包括团队配合、战术应对、个人技术等内容。例如，进行一场模拟比赛：学生按照比赛规则进行实战对抗，在比赛中展现团队合作、个人技术和战术应对能力。通过实战能力考核，教师可以评估学生的比赛实战能力，发现问题并及时进行指导和调整。

（3）反馈和指导

巩固性评估不仅需要对学生进行技能水平的测评和实战能力的考核，还需要及时向学生提供反馈和指导，帮助他们发现问题、改进提高。

针对篮球投篮技能的巩固性评估，教师可以在测评结束后针对学生的表现进行分析，向学生提供针对性地反馈和指导。例如，针对投篮命中率较低的学生，教师可以提供更多的练习机会，并针对其投篮动作进行调整和改进指导；对于运球不稳定的学生，可以提供专项练习，并引导其加强基础功底的训练。通过及时地反馈和指导，学生可以了解自己的不足之处，有针对性地进行练习和改进，从而提高技能水平。

3.建立反馈机制

（1）及时反馈

建立良好的反馈机制是促进技能巩固的关键。教师应该及时向学生提供反馈，让他们了解自己的学习进展和表现，以便及时调整和改进。

在体育教学中，教师可以通过观察学生的表现、记录学生的练习成果等方式来提供及时的反馈。例如，在个人练习环节中，教师可以观察学生的动作是否规范、动作是否流畅，并根据观察结果向学生提供相应的反馈和指导；在模拟比赛练习中，教师可以记录学生在比赛中的表现，包括战术应对、技能运用等方面，然后向学生反馈其表现的优点和不足之处，以帮助他们更好地理解和应用所学内容。

（2）个性化反馈

除了及时反馈外，个性化的反馈也是促进技能巩固的重要方面。教师应该根据学生的个体差异和学习需求，提供针对性地反馈和指导，帮助他们更好地改进和提高。

在体育教学中，不同学生的技能水平和学习需求可能存在差异。因此，教师应该根据学生的个体情况，提供个性化的反馈和指导。例如，对于技术较好但心理素质较差的学生，教师可以重点帮助他们提高心理素质，增强比赛应对能力；对于技术基础薄弱的学生，教师可以提供更多的基础训练和练习机会，帮助他们夯实基础，逐步提高技能水平。

（3）正向激励

在提供反馈的过程中，教师应该注重正向激励，激发学生的学习动力和积极性。教师可以通过表扬、鼓励等方式，肯定学生的努力和进步，增强其学习的自信心和动力。

在体育教学中，学生往往需要面对各种挑战和困难，而正向激励可以帮助他们克服困难，保持学习的热情和积极性。例如，当学生在练习中取得进步时，教师可以及时表扬和鼓励，让学生感受到自己的努力和付出是值得的，从而增强其学习的动力和信心。

通过建立良好的反馈机制，提供及时、个性化、正向的反馈，可以有效促进学生技能的巩固和提升，帮助他们不断提高自己的技能水平。

第三节　技术性项目的训练方法与能力培养

一、训练方法的多样性与有效性比较

（一）传统训练方法

1. 基本技术练习

（1）基础技能的重要性

基本技术练习是体育教学中的基础环节，对学生掌握运动技能起着至关重要的作用。在篮球训练中，例如，投篮、运球、传球等基本技能是学生掌握篮球运动的基础，其准确性和稳定性直接影响到比赛中的表现。

（2）练习方法的设计

基本技术练习应当注重动作的规范性和细节的把握。教练可以设计各种练习方法，如静态练习、动态练习、模拟比赛情境练习等，以帮助学生熟练掌握技术动作的要领和技巧要点。

（3）反复练习的重要性

基本技术练习需要通过反复练习来巩固和提高学生的技能水平。通过反复练习，学生可以逐渐掌握技术动作的要领和技巧要点，提高技能的准确性和稳定性，为进一步的技术训练打下坚实的基础。

2. 循序渐进的技术训练

（1）训练内容的分级

循序渐进的技术训练强调从简单到复杂、从易到难抵逐步培养学生的技能。教练可以根据学生的技术水平和理解能力，将训练内容分级，逐步引导学生进行技术训练，确保训练的连续性和系统性。

（2）逐步增加难度

在篮球训练中，教练可以从基础的运球、传球等技术开始，然后逐步引导学生进行更复杂的技术训练，如快速变向、突破进攻、防守技巧等，以提高学生的技术水平和综合能力。

（3）个体差异的考虑

在循序渐进的技术训练中，教练需要考虑到学生的个体差异，根据不同学生的技术水平和发展需求，制定个性化的训练计划，确保每个学生都能够得到适合自己的训练。

3. 固定的训练计划

（1）训练计划的制定

固定的训练计划是传统训练方法的重要组成部分，教练可以根据比赛季节、学生的学习进度和训练需求等因素，制定固定的训练计划。这些训练计划可以包括每次训练的内容、时长、强度等，确保训练的有序进行。

（2）系统性的训练安排

固定的训练计划有利于保证训练的系统性和连续性，让学生在规律地训练中逐步提高技能水平。教练可以根据固定的训练计划，合理安排训练时间和内容，确保学生得到全面地训练。

（3）灵活性与调整

尽管训练计划是固定的，但教练仍然需要根据实际情况灵活调整。例如，如果学生出现了技术问题或者伤病情况，教练可能需要对训练计划进行适当的调整，以保证学生的训练效果和身体健康。

（二）创新训练方法

1. 个性化训练

（1）个体差异的重视

创新训练方法强调个性化训练，充分考虑到学生的个体差异。在足球训练中，教练会针对每个学生的技术水平、身体素质和位置特点等因素，设计个性化的训练方案，以满足其个体化的训练需求。

（2）技术特长的培养

通过个性化训练，教练可以更好地发现和培养学生的技术特长。例如，对于技术突出的学生，教练可以提供更高难度的训练内容和挑战，以帮助他们进一步发展潜力。

（3）学习热情的激发

个性化训练可以更好地激发学生的学习兴趣和积极性。学生在参与个性化训练时会感受到自己的价值和进步，从而更加投入到训练中去，取得更好的效果。

2. 多样化的训练方式

（1）游戏化训练

创新训练方法倡导采用游戏化的训练方式，将训练内容融入各种有趣的游戏中。例如，在篮球训练中，可以设计各种篮球相关的小游戏，如投篮比赛、传球接力赛等，让学生在游戏中学习技能、提高配合能力。

（2）情境化训练

情境化训练是指将训练内容置于真实或模拟的比赛情境中进行训练。在足球训练中，可以模拟比赛中的各种情况，如进攻、防守、反击等，让学生在真实的比赛情景中进行技能训练，提高其应对比赛压力的能力。

（3）技能整合训练

创新训练方法强调技能整合训练，即将不同技能和能力进行有机地整合和结合。例如，在篮球训练中，可以设计一系列综合性的训练项目，如快速转换进攻和防守、团队配合战术等，提高学生的综合能力和应变能力。

3.趣味性与挑战性

（1）训练任务的设计

创新训练方法注重设计趣味性和挑战性的训练任务，以激发学生的学习热情和积极性。例如，在篮球训练中，可以设计各种有趣的训练任务，如挑战投篮命中率、突破绕人次数等，让学生在训练中感受到挑战的乐趣。

（2）赛事和比赛的设置

创新训练方法强调设置各种趣味性和挑战性的赛事和比赛，让学生在比赛中体验到技能的乐趣和挑战。例如，在足球训练中，可以组织各种足球比赛，如友谊赛、校内联赛等，让学生在比赛中展现自己的技能和战术水平。

（三）有效性比较

在体育教学中，传统训练方法和创新训练方法各有其优势和局限性。传统训练方法注重基础技能的打磨和反复练习，这种方法有助于学生扎实掌握基本技能，培养他们的技术基础。然而，传统方法可能在趣味性和灵活性方面稍显不足。训练过程可能显得单调乏味，学生可能缺乏对训练的积极性和动力。另一方面，创新训练方法强调个性化和多样化，注重激发学生的学习兴趣和主动性。这种方法能够更好地满足学生的个性化需求，让他们在参与训练时感到更加享受和投入。然而，创新方法可能在技能细化和系统性方面略显不足。训练过程中，可能缺乏对技能细节的深入训练，导致学生在某些方面的技术掌握不够扎实。因此，实际应用中，教师应根据学生的特点和需求，灵活选择和结合传统和创新训练方法。在基础技能训练中，可以采用传统方法，通过反复练习，帮助学生打好技术基础；在提高阶段，可以引入创新方法，增加训练的趣味性和多样性，激发学生的学习动力。

通过综合运用传统和创新方法，可以最大程度地发挥它们的优势，达到更好地训练效果。这种综合性的方法也能够更好满足不同学生的学习需求，促进他们全面发展。因此，在体育教学中，不应简单地排斥任何一种方法，而是应根据实际情况，灵活运用不同的训练方法，以提高学生的技能水平和综合素质。

二、训练方法与学生技能综合提升的关系探究

（一）综合提升的目标

学生技能的综合提升是体育教学中一个至关重要的目标。这一目标的核心在于全面促进学生在体育活动中的发展，不仅仅关注个人技能的提高，还包括战术认识、心理素质、团队合作等多个方面的培养和加强。在体育教学中，综合提升的目标被赋予了重要意义，因为它不仅影响着学生的体育水平，也对其整体成长和未来发展具有深远影响。

第一，技能综合提升的目标之一是基本技能的提高。基本技能在体育运动中起着基础性作用，如篮球中的投篮、传球，足球中的带球、传接等。学生通过不断地练习和训练，可以提高这些基本技能的水平，从而在比赛和实践中表现更加出色。

第二，综合提升的目标还包括战术意识的培养。在体育运动中，良好的战术意识可以帮助学生更好地理解比赛的规则和战术，做出更加明智的决策。通过针对性地训练和实践，学生可以逐渐培养出战术意识，提高在比赛中的应变能力和决策水平。

第三，心理素质的加强也是技能综合提升的重要目标之一。体育运动不仅考验着学生的身体素质，也考验着其心理素质，如意志力、耐挫力、情绪控制等。通过训练和比赛的历练，学生可以逐渐增强自己的心理素质，提高面对挑战和压力时的应对能力。

第四，团队合作能力的增强也是综合提升的目标之一。在团体项目中，团队合作是取得胜利的关键，而这需要每个团队成员都具备良好的团队合作能力。通过团队训练和合作比赛，学生可以加强团队协作意识，培养出团队精神和集体荣誉感。

综合提升的目标旨在使学生在体育运动中全面发展，不仅在技能水平上有所突破，还在战术、心理和团队等方面得到全面提升。这不仅有助于学生在体育活动中取得更好的成绩，也为其未来的学习和生活奠定了坚实的基础。因此，在体育教学中，应该重视并全面推进学生技能综合提升的目标，为其全面发展和成长提供更加有力的支持。

（二）训练方法与综合提升的关系

1. 传统训练方法

（1）传统训练方法的定义与特点

传统训练方法是一种经典而重要的教学方法，其核心在于通过反复练习和训练，以培养学生在特定领域的基本技能和技巧。这种方法强调的是基础技能的打磨和提高，旨在使学生能够熟练掌握各项基本技能，并在实践中运用自如。其定义和特点体现在以下几个方面。

第一，传统训练方法注重基本技能的打磨。它强调学生在特定领域的基础技能的培养和提高，如体育、音乐、美术等。通过反复地练习和训练，学生可以逐渐掌握各种基本技能，并不断提高技能的水平。

第二，传统训练方法强调技能的熟练程度和稳定性。在传统训练中，学生需要反复进行相同或相似的动作或操作，以达到技能的熟练程度。通过不断练习，学生可以提高技能的稳定性，使其在不同情况下都能够熟练应对。

第三，传统训练方法注重学生的实践操作和体验。学生通过亲自动手进行练习和训练，从实践中积累经验和提高技能水平。这种实践操作不仅有助于学生理解和掌握技能的要领，还能够增强他们的自信心和实践能力。

第四，传统训练方法强调个体差异的尊重和因材施教。在传统训练中，教师会根据学生的个体特点和学习能力，采取不同的教学方法和训练计划，以满足每个学生的学习需求和发展潜力。

传统训练方法是一种重视基本技能打磨和提高的教学方法，其核心在于通过反复练习和训练，使学生熟练掌握各项基本技能，并在实践中运用自如。它强调技能的熟练程度和稳定性，注重学生的实践操作和体验，同时尊重个体差异，因材施教，以实现教学目标和促进学生全面发展。

（2）传统训练方法在篮球训练中的应用

在篮球训练中，传统训练方法被广泛应用，其核心在于通过反复练习和训练，使学生能够熟练掌握各项基本技能，并在比赛中运用自如。以下是传统训练方法在篮球训练中的应用。

第一，投篮训练是传统训练方法在篮球训练中的经典应用之一。学生需要通过反复练习投篮动作，从站姿、手臂姿势到出手力度的各个环节，直至技能熟练、准确。通过不断练习，学生可以培养准确的投篮感觉和稳定的出手动作，提高命中率。

第二，运球训练也是传统训练方法的重要组成部分。学生需要反复练习各种运球动作，如正常运球、变向运球、护球等，以提高手感和控球能力。通过持续地练习，学生可以在比赛中更加灵活地运用各种运球技巧，突破防守、传球或完成得分。

第三，防守训练也是传统训练方法的重点之一。学生需要通过反复模拟防守动作，如站位、变向、拦截等，以增强防守能力和意识。通过反复练习，学生可以更好地掌握防守技巧，有效地限制对手的进攻，保护自己的球门。

第四，传统训练方法还包括传球、接球、篮板等各个方面的训练。学生需要通过反复练习，掌握各种传球和接球技巧，提高团队协作能力和比赛中的配合默契。同时，在篮板训练中，学生也需要通过反复的跳跃和抢断动作，提高篮板球的争抢能力和控制能力。

（3）传统训练方法的优势与局限

传统训练方法在篮球训练中具有显著的优势，但同时也存在一些局限性。

第一，传统训练方法的优势在于注重基本技能的打磨和巩固，能够帮助学生建立起扎实的技术基础。通过反复练习和训练，学生可以逐步掌握各项基本技能，并将其内化为自己的动作习惯，提高技术水平。例如，在投篮训练中，通过反复练习投篮动作，学生可以培养准确的出手感觉和稳定的出手动作，从而提高命中率。这种扎实的基础训练是篮球运动员取得成功的重要前提。

第二，传统训练方法强调的是持之以恒地精进和努力，能够培养学生的毅力和耐心。通过反复练习同一项技能，学生需要不断地调整自己的动作和姿势，不断地克服困难和挑战，从而培养出良好的意志品质和自律能力。这种持续不断的努力和坚持精神对于篮球运动员在比赛中面对困难时的应对能力至关重要。

2. 创新训练方法

（1）创新训练方法的定义与特点

创新训练方法是一种注重激发学生学习兴趣和主动性的教学方法，其特点在于通过各种形式的创新训练活动，使学生更积极地参与到学习中来。这种方法强调学生的创造性思维和团队合作精神的培养，能够提高学生的综合能力。

（2）创新训练方法在篮球训练中的应用

在篮球训练中，创新训练方法可以采用模拟比赛情境的练习、团队合作游戏等形式。例如，通过组织篮球比赛模拟场景，在比赛中培养学生的战术意识和团队协作能力，从而提高他们的比赛实战能力。

（3）创新训练方法的优势与局限

创新训练方法的优势在于能够激发学生的学习兴趣和主动性，培养其创新能力和团队合作精神。然而，这种方法也存在一些局限性，比如可能需要较多的教学资源和师资支持，同时在实施过程中也需要考虑到学生的接受能力和学习效果。

3.结合传统和创新训练方法

（1）结合传统和创新训练方法的必要性

综合提升需要结合传统和创新训练方法。传统训练方法注重基本功的打磨，创新训练方法则注重学生的主动参与和创造性思维。结合这两种方法，可以使学生在技能水平和综合能力方面都得到全面地提升。

（2）结合训练方法的实践策略

在实践中，可以通过设计多样化的训练课程，结合传统的基本功训练与创新的比赛模拟和团队合作活动，使学生在不同的训练环境下得到综合提升。此外，还可以充分利用现代科技手段，如虚拟现实技术、智能化设备等，增强训练的趣味性和实效性。

（3）结合训练方法的效果评估

为了确保结合训练方法的有效性，需要进行系统的效果评估。可以通过定期的技能测试、学习反馈和教学评估等方式，全面了解学生在各个方面的提升情况，并根据评估结果及时调整训练方法，进一步优化教学效果。

（三）实践案例

以篮球训练为例，结合传统和创新训练方法可以取得更好的综合提升效果。在传统训练方法方面，可以通过反复练习和训练，提高学生的基本技能水平，如投篮、传球、运球等。而在创新训练方法方面，可以设计各种形式的创新训练活动，以增强学生的战术意识和团队协作能力。

1.高校篮球体能训练技巧分析

（1）弹跳力训练的重要性与技巧

篮球运动中，弹跳能力是决定球员表现的重要因素之一。为了提升球员的弹跳能力，原地纵跳摸高训练技巧成为必不可少的一环。首先，强调适当的热身和拉伸，以预防运动伤害并提升效果。其次，蹬地训练是基础，通过站立，双脚肩同宽，用力蹬地，重复训练以加强腿部肌肉力量和爆发力。最后，摸高训练则是重点，通过站在篮筐下，用力蹬地向上跳，并尽力摸高。在训练过程中，教师应根据学生的水平逐渐增加难度，如增加距离或减少冲量，以激发学生的挑战欲望。个性化的训练方案和持续地调整与优化对提升效果至关重要。

（2）助跑单足跳训练的技巧与注意事项

助跑单足跳是锻炼腿部和手臂肌肉力量、身体协调性和灵活性的重要训练项目。教师应在日常教学中加强对这一动作的训练，并帮助学生掌握正确的训练方法。在指导学生时，应注意选择适宜的助跑距离，保持加速的稳定性，合理用力，并在起跳和下落时注意身体姿势的正确性，以减少受伤风险。通过引导学生逐步掌握技术要领，如伸展摸高手臂、合理用力和屈膝缓冲等，可以提高他们的跳跃高度和效率。

（3）折返跑投篮训练的细节与实践

折返跑是篮球训练中必不可少的项目之一，对于提高速度、灵活性和耐力具有显著效果。教师在训练中应根据学生的水平逐渐增加难度，如采用侧身滑步、z字形折返跑等方式进行训练。同时，合理安排训练时间，避免过度疲劳造成身体损伤。针对不同的训练方式，教师应提前解释技术要点，并指导学生进行适当的热身，以确保训练效果。通过系统地练习和反复训练，学生可以逐渐提升折返跑的技术水平和综合能力。

（4）冲刺跑训练的科学指导与实践

冲刺跑训练是提高篮球运动员速度的有效手段之一，但教师在设计训练计划时应考虑学生的身体素质和能力水平。对于身体素质较差的学生，应注重安全，逐步提高训练强度；而对于素质较好的学生，则可以进行强化和突破性训练。在进行冲刺跑训练时，选择合适的场地至关重要，应避免湿滑或不平整的场地，以减少意外伤害的风险。教师应重点指导学生保持正确的姿势和呼吸方式，通过稳定的步伐和深呼吸来提高跑步效果和耐力。通过科学的指导和系统的训练，学生可以逐渐提高冲刺跑的速度和技术水平。

2. 高校篮球体能训练中的专项训练方法

（1）力量训练

力量素质在篮球运动中扮演着至关重要的角色，直接影响着球员在比赛中的爆发力、耐力和速度表现。为了有效提高学生的力量素质水平，教师需要采用科学合理的训练方法，以确保他们在训练中获得最佳的效果。除了常规的基本力量训练项目如俯卧撑、仰卧起坐和深蹲等之外，还可以引入一系列专项训练方法来针对不同方面进行训练。

杠铃快速上提和挺举是有效提高全身肌肉力量的训练方法之一。通过迅速提升杠铃至胸部并上挺的动作，可以有效地激发肌肉快速爆发力，促进肌肉的力量增长。此训练方法具有时效性，能够在较短的时间内产生明显的效果。

宽距杠铃硬拉训练则是一种综合性的力量训练方法，兼顾了速度和力量的提升。通过采用宽距站立，手握杠铃向身体前方倾斜，然后迅速挺起的动作，可以有效锻炼到背部、臀部和腿部等多个肌群，提高全身力量的综合素质。

连续双摇跳绳是针对提高抵地动作快速力量的专项训练方法。通过连续跳跃并双手摇动跳绳，可以有效加强脚踝、小腿和大腿等肌肉群的力量，提高运动员的爆发力和敏捷性。

双手传实心球则是一种针对篮球技术动作的小负荷训练方法。通过持续传球的动作，可以有效锻炼上肢的力量和协调性，提高学生的投篮、传球等技术动作的稳定性和准确性。

针对不同学生的需求，还可以进行核心力量训练和上下肢力量训练。核心力量训练主要包括腹部和腰部肌肉的训练，可以提高学生的身体稳定性和平衡能力；而上下肢力量训练则主要包括臂力、腿力和跳跃能力的训练，有助于提高学生在比赛中的爆发力和冲刺能力。

（2）速度训练

在篮球比赛中，快速的反应速度和敏捷的移动速度对于球员的表现至关重要。教师在进行速度素质训练时，需要结合多种方法来帮助学生提升其速度表现。一种有效的方法是通过信号刺激训练来提高学生的反应速度。这可以包括使用声音、手势、灯光等不同的信号来刺激学生，使他们能够在最短的时间内做出快速而准确的反应。通过反复练习，学生可以逐渐提高他们的反应速度，从而更好地应对比赛中的突发情况。

另一个关键的训练方面是提高学生的移动速度。教师可以采用各种训练方式来帮助学生在场上更加灵活迅速地移动。向前跑、转身和后退跑是常见的训练方式，能够有效提高学生的加速度和减速度，增强他们的移动能力。通过不断训练，学生可以逐渐提高他们在场上的机动性和灵活性，从而更好地应对比赛中的各种情况。

采用要素训练法也是提高学生移动技术的有效途径。这种方法通过针对篮球运动中常见的动作要素进行训练，包括蹬、跨、伸、缩、折、转、跃等动作，以规范学生的动作技术和加强训练，从而提高他们的移动速度和技术水平。通过不断地训练，学生可以逐步掌握各种动作要素，并将其运用到实际比赛中，提高他们的竞技水平和比赛表现。

（3）耐力训练

在激烈的篮球比赛中，良好的耐力素质是球员们保持持久竞技状态的关键。教师在进行耐力素质训练时，可以采用多种方法来帮助学生提高他们的耐力水平。一种常见的训练方式是慢跑和快跑。通过长时间的持续慢跑和高强度的快跑训练，可以有效提高学生的心肺功能和耐力水平，使他们在比赛中能够保持持久的体能状态。

此外，负重练习也是一种常用的耐力素质训练方法。通过在跑步或其他运动中增加负重，如穿戴负重背心或背包进行训练，可以增加学生的负荷，提高其耐力水平。这种训练方法能够模拟比赛中的实际情况，帮助学生更好地适应比赛的高强度和长时间性质。

除了常规的跑步训练外，长跑和越野跑也是提高学生耐力水平的有效途径。长跑训练能够增加学生的持续运动能力和耐力，培养其对长时间高强度运动的适应能力。越野跑则可以在户外环境中进行，增加了地形的变化和自然环境的挑战，对学生的耐力和体能提升有着显著的效果。

采用间歇性训练法也是提高学生耐力水平的有效手段。间歇性训练法包括交替进行高强度运动和低强度运动，可以有效锻炼学生的心肺功能，提高他们的耐力水平。通过不断地训练，学生可以逐渐提高他们的耐力水平，使他们能够更好地应对比赛中的高强度运动和长时间竞技状态。

（4）灵敏训练

在篮球比赛中，灵敏素质的重要性不言而喻，它直接关系到球员在比赛中的反应速度和身体的协调性。教师在进行灵敏素质训练时，可以采用多种方法来帮助学生提高其灵活性和反应能力，从而更好地应对比赛中的各种变化和挑战。

一种有效的训练方法是反应速度练习。通过向学生提供各种不同类型的刺激，如声音、手势或者灯光，教师可以帮助他们提高在瞬时刺激下的反应速度。这种训练方法能够锻炼学生的神经系统，使其能够在比赛中更快地做出反应，并迅速做出正确的决策。

另一个重要的训练方面是运动方向变化练习。教师可以通过向学生提供各种不同的运动方向变化训练，如前滚翻、后滚翻、侧手翻等，来提高他们的身体协调性和灵活性。这种训练方法能够让学生在快速变化的环境中迅速调整身体姿势，从而更好地适应比赛中的实际情况。

除此之外，节奏感训练也是提高学生灵敏素质的重要方法之一。通过向学生提供各种不同的节奏感训练，如音乐或口令，教师可以帮助他们提高在节奏变化下的反应能力。这种训练方法能够使学生更好地掌握比赛中的节奏感，从而更灵活地应对比赛中的变化和挑战。

最后，协调性练习也是提高学生灵敏素质的有效途径之一。通过各种协调性练习，如跳绳、踢毽子等，教师可以帮助学生提高身体的协调性和平衡能力，使他们在比赛中更加灵活自如地运用身体技能。

（5）柔韧训练

在篮球运动中，柔韧素质是一项不可或缺的重要素质，它直接关系到运动员的身体协调性和灵活性，对于执行各种技术动作、避免运动损伤以及提高比赛表现水平都具有重要意义。教师在进行柔韧素质训练时，可以采用多种方法，以全面提升学生的柔韧性水平。

第一，拉伸运动是提高柔韧素质的基础。通过定期进行身体各部位的拉伸运动，可以增加肌肉和关节的灵活性，促进血液循环，从而减少肌肉紧张和运动损伤的发生。教师可以根据学生的特点和需求设计不同类型和强度的拉伸动作，如静态拉伸、动态拉伸等，以达到最佳的训练效果。

第二，辅助工具训练也是提高柔韧素质的有效手段之一。使用一些辅助工具如瑜伽球、拉力带等，可以帮助学生更深层次地进行拉伸运动，扩大关节活动范围，增强肌肉的柔韧性。这种训练方法可以使学生在更短的时间内获得更好的拉伸效果，提高柔韧性水平。

第三，参与其他类型的活动如舞蹈、体操等也是提高柔韧素质的有效途径。这些活动能够让学生在动作中得到全身的拉伸和放松，增强身体的柔韧性和协调性。教师可以组织学生参与这些活动，作为柔韧素质训练的补充和延伸，丰富训练内容，提高学生的训练兴趣和积极性。

第四，个性化的训练方法也是提高柔韧素质的重要途径之一。教师可以根据学生的具体情况和需求，设计个性化的柔韧性训练方案，包括针对性地选择拉伸动作、控制训练强度和频率等，以达到最佳的训练效果。通过个性化的训练方法，可以更好地满足学生的需求，提高他们的柔韧性水平。

第六章　高校竞技性项目的教学与训练

第一节　竞技性项目的特点和要求

一、竞技性项目的特点概述

竞技性项目在高校体育教学中具有显著的特点，主要包括以下几个方面。

（一）个人技术与团队协作的结合

1.技术水平的重要性

（1）技术水平在体育竞技中的地位

个人技术水平在高校体育竞技中扮演着至关重要的角色。不论是足球、篮球还是其他竞技项目，优秀的个人技术都是球队取胜的重要保障。例如，在足球比赛中，一个球员的传球、控球、射门技术的娴熟程度直接影响着球队的进攻和防守效果。因此，个人技术的高低往往决定了比赛的胜负。

（2）个人技术水平的培养

个人技术水平的培养需要通过系统地训练和反复地练习来实现。教练应该根据不同项目和不同球员的特点，设计相应的训练计划。例如，在足球训练中，可以通过技术训练课程和模拟比赛情境来提高球员的传球精度、射门准确性等技术要求。同时，针对个人技术中存在的不足，进行有针对性地技术训练和个别指导，以提高球员的个人技术水平。

（3）技术水平的影响因素

个人技术水平的提高受到多种因素的影响，包括天赋、训练方法、训练量等。天赋因素决定了球员在某些技术上的天赋优势，但只有通过刻苦训练才能将天赋优势转化为真正的技术实力。在训练过程中，合理的训练方法和充足的训练量是提高个人技术水平的关键因素。只有通过系统的、持续地训练，才能够逐步提高个人技术水平,并在比赛中发挥出色。

2.团队协作的关键性

(1)团队协作在体育竞技中的价值

团队协作是高校体育竞技中取得胜利的重要保障。在比赛中,球队需要密切合作,相互配合,才能够取得最终的胜利。例如,在篮球比赛中,队员们需要通过传球、跑位等方式进行团队协作,共同完成进攻和防守,才能够最大程度地发挥出球队的实力。

(2)团队协作能力的培养

团队协作能力的培养需要通过集体训练和团队活动来实现。教练应该注重培养球员之间的默契和信任,通过团队合作训练来增强球员之间的配合能力。例如,在篮球训练中,可以通过集体配合训练和模拟比赛情境来提高球员的团队协作能力。同时,鼓励球员之间相互帮助、相互支持,培养出良好的团队精神和合作意识。

(3)团队协作的重要性

良好的团队协作不仅可以提高比赛的效率,还可以增强球队的凝聚力和战斗力。在比赛中,团队协作能够使球员们相互配合,密切合作,充分发挥出每个球员的优势,从而取得最终的胜利。因此,团队协作的培养对于球队的发展和壮大具有重要意义。

3.个人与团队的平衡发展

(1)个人技术与团队协作的平衡

在高校体育竞技中,个人技术与团队协作是相辅相成、不可分割的。个人技术水平的提高为团队的胜利提供了保障,而优秀的团队协作则能够将个人技术优势最大化,让团队取得优异的成绩。因此,个人技术与团队协作需要取得平衡发展,才能够使球队取得最终的成功。

(2)培养个人技术与团队协作的策略

教练应该根据不同球员的特点和不同项目的需求,制定相应的培养策略。在训练过程中,既要注重个人技术的提高,又要重视团队协作的培养。例如,在足球训练中,可以通过个人技术训练和团队合作训练相结合的方式,全面提高球员的竞技水平。同时,鼓励球员之间相互合作、相互帮助,培养良好的团队精神和合作意识，以实现个人与团队的平衡发展。

（3）个人与团队的平衡发展的重要性

个人技术与团队协作的平衡发展对于球队的整体实力和竞争力至关重要。一个球队如果只注重个人技术的培养而忽视了团队协作，往往会在比赛中出现各自为政、配合不畅的情况，降低了整体的竞技水平。同样地，如果球队过于注重团队协作而忽视了个人技术的提高，可能在关键时刻缺乏个人能力的支撑，影响了球队的比赛表现。因此，教练在培养球员时，应该注重个人技术与团队协作的平衡发展，以提高球队整体实力和竞争力。

（二）强调比赛结果与胜负关系

1.追求比赛的胜利

（1）比赛胜利的目标

在高校体育竞技项目中，比赛胜利是每支团队追求的最终目标。无论是校际比赛、地区赛事还是全国性大赛，学生代表的不仅是个人，更是学校和团队的荣誉。因此，对于参与竞技项目的学生而言，取得比赛胜利是其竞技生涯中的最终追求。胜利不仅意味着个人技术水平的认可，更是对团队整体实力和合作精神的肯定。

（2）胜利的意义

比赛胜利不仅仅是为了获得荣誉，更是为了展示团队的实力和竞技水平。优秀的比赛成绩可以提高学校的声誉和知名度，增强团队的凝聚力和向心力。同时，比赛胜利也为学生提供了奋发向上的动力和榜样，激发了更多学生积极参与体育竞技的热情，推动了学校体育事业的发展。

（3）全力以赴的态度

为了追求比赛胜利，学生需要保持全力以赴的态度。这意味着他们需要在训练中付出更多的努力和汗水，提高个人技术水平和团队合作能力。在比赛中，他们需要尽最大努力发挥自己的水平，为团队争取每一个胜利的机会，不放弃任何一个可能的机会，以实现比赛胜利的目标。

2.培养胜负意识与心理素质

（1）胜负意识的重要性

培养胜负意识是学生参与体育竞技项目的基本要求之一。学生需要认识到比赛胜负的重要性，明确自己的角色和责任，为取得胜利而全力以赴。胜负意识不仅体现了学生对比赛的重视程度，更是他们在比赛中能否保持稳定心态、克服困难的关键因素。

（2）心理素质的培养

参与竞技项目的学生需要具备良好的心理素质，包括自信心、抗压能力、应变能力等。面对比赛的紧张和压力，他们需要保持冷静、沉着，不受外界因素的影响，保持良好的竞技状态。教练和指导员可以通过心理素质训练课程或心理辅导等方式，帮助学生建立自信心，增强抗压能力，提高应对比赛的能力，从而更好地适应竞技环境。

（3）心理素质对比赛的影响

良好的心理素质对于比赛结果起着至关重要的作用。在激烈的比赛中，心理素质稳定的学生能够更好地应对各种挑战和困难，保持较高的竞技水平和发挥状态。相反，心理素质较差的学生容易受到情绪波动的影响，从而影响了比赛的表现和结果。因此，培养学生良好的心理素质对于提高比赛胜利的概率具有重要意义。

3.体现体育精神与团队荣誉

（1）团队荣誉的意义

参与竞技项目的学生不仅代表着个人，更代表着学校和团队。因此，比赛结果不仅关乎个人荣誉，更关乎团队的荣誉和声誉。取得优异的比赛成绩可以提升学校的知名度和声誉，增强团队的凝聚力和向心力，为学校增光添彩。

（2）体育精神的体现

体育竞技项目能够体现团队合作、拼搏奋进、永不放弃的体育精神。学生在比赛中展现出的顽强拼搏、团队合作和不怕困难的拼搏精神，不仅代表了个人的修养和素质，更体现了学校和团队的文化底蕴和品牌形象，为传承和弘扬体育精神作出了积极贡献。

（3）责任感与集体荣誉感

参与竞技项目的学生需要具备高度的责任感和集体荣誉感。他们应该明白自己的责任和使命，全力以赴为团队争取每一分荣誉和成绩。在比赛中，他们应该发扬团队合作精神，密切配合队友，共同面对比赛中的挑战和困难。在团队荣誉面前，个人的利益和荣誉都应该让位于整个团队的利益和荣誉，这种责任感和集体荣誉感是培养学生团队合作精神的重要途径之一。

（三）具有一定的专业性与复杂性

1.技术要求的专业化

（1）技术水平的提升

在竞技性项目中，技术水平的提升是学生必须重视的重要方面。无论是足球、篮球还是其他项目，学生需要通过系统的训练和指导，不断提高自己的技术水平，以应对复杂的比赛局面。这需要学生在每一个技术细节上都达到专业化的水平，包括但不限于传球、射门、盘带、传接球等方面的技能。

（2）专业知识的积累

除了技术水平的提升，学生还需要积累丰富的专业知识。这包括对于比赛规则的深入理解、对于战术策略的熟悉，以及对于运动训练和身体素质的专业知识等方面。只有掌握了足够的专业知识，学生才能在比赛中更加从容地应对各种情况，并在关键时刻做出正确的决策。

（3）实战训练的重要性

技术要求的专业化需要通过长期的实战训练来实现。学生在训练中不仅需要进行基本技术动作的练习，还需要参与模拟比赛、实战演练等活动，以更好地适应真实比赛的环境和压力。通过反复的实战训练，学生才能够真正将技术水平提升到专业化的程度，为比赛取得优异成绩奠定坚实基础。

2.战术应对的复杂性

（1）战术认知与应用

战术应对的复杂性要求学生具备对于不同战术的认知和灵活应用能力。不同的比赛局面可能需要采取不同的战术策略，学生需要能够根据比赛实际情况，快速准确地选择和执行合适的战术。这要求学生不仅要了解各种战术的特点和优劣，还要具备分析比赛局势、判断对手意图的能力。

（2）战术训练的系统性

为了提高学生的战术应对能力，教练需要设计系统性的战术训练课程。这包括从基础战术的训练开始，逐渐深入到复杂局面的模拟训练，让学生逐步掌握不同战术的运用技巧和战术配合的要领。通过反复地模拟训练，学生才能够在实际比赛中迅速做出正确的决策和应对。

（3）战术调整与应变能力

在比赛中，战术的调整和应变是取得胜利的关键。学生需要具备快速适应比赛局势变化的能力，随时做出正确的战术调整。这需要学生具备敏锐的观察力、良好的沟通协调能力，以及高效的决策执行能力。只有在比赛中能够灵活应对各种情况，才能最大限度地提高战斗力和取得比赛胜利的可能性。

3. 综合能力的提升

（1）多方面能力的培养

竞技性项目的特点要求学生在多个方面具备优秀的能力。除了技术水平和战术应对能力外，学生还需要具备身体素质、心理素质和团队合作能力等多方面的能力。这包括耐力、速度、灵活性、集中力、抗压能力、团队协作能力等。

（2）综合训练的重要性

为了提升学生的综合能力，教练需要进行全方位的综合训练。这包括针对不同方面能力的专项训练，如体能训练、心理素质训练、团队合作训练等。通过综合训练，学生可以全面提升各方面的能力，从而更好地适应竞技项目的要求，取得更好的比赛成绩。

（3）个性化培养与发展

每个学生的能力和特点都不相同，因此在教学过程中需要注重个性化培养与发展。教练应该根据学生的实际情况和特长，有针对性地进行培养和指导，充分发挥每个学生的潜能，最大限度地提高其综合能力和竞技水平。

二、竞技性项目教学的挑战与机遇

竞技性项目教学面临着一系列挑战，但也同时具有许多机遇。

（一）竞技性项目教学的挑战

1. 学生个体差异性大

（1）技术水平的差异

学生在技术水平上存在较大差异，有些可能具备良好的基础技能，而有些则可能需要从零开始学习。教师需要根据学生的技术水平制定不同的教学计划，为学生提供个性化的指导和培训。对于技术水平较高的学生，可以设置更高难度的训练内容，挑战其技能极限；对于技术水平较低的学生，则需要从基础动作开始，循序渐进地提升其技术水平。

（2）体能状况的差异

除了技术水平外，学生的体能状况也存在差异。有些学生可能具备较强的体能素质，如耐力、速度、灵活性等，而有些学生则可能存在体能不足的情况。因此，教师需要在训练中兼顾学生的体能发展，通过科学的体能训练方法，提高学生的身体素质，为其在竞技项目中的表现提供支持。

（3）心理素质的差异

学生的心理素质也是个体差异的体现之一。有些学生可能具备良好的心理素质，如自信、耐心、毅力等，能够在面对挑战时保持稳定的心态；而有些学生可能存在紧张、焦虑、自卑等心理问题，需要教师有针对性进行心理辅导和帮助。因此，教师需要关注学生的心理健康，帮助他们建立自信心，培养抗压能力，更好地应对比赛和训练中的挑战。

2. 技术难度高

（1）技术动作的复杂性

竞技性项目的技术动作往往具有一定的复杂性和难度，学生需要花费大量时间和精力来掌握。例如，在篮球项目中，运球、传球、盘带等动作需要学生在速度、力量、灵活性等方面都达到一定水平。教师需要设计科学有效的教学方法，针对技术动作的不同部分进行分解训练，帮助学生逐步掌握技能要领，提高技术水平。

（2）训练计划的合理性

面对技术难度高的挑战，教师需要制定合理的训练计划。这需要考虑到学生的技术水平和身体状况，合理安排训练内容和强度，避免过度训练导致伤害或疲劳。同时，教师还需要不断调整和优化训练计划，根据学生的实际情况和反馈进行调整，确保训练的科学性和有效性。

（3）教学手段的多样性

为了应对技术难度高的挑战，教师需要采用多样化的教学手段。除了传统的示范演示和反复练习外，还可以利用现代化的教学技术，如视频分析、虚拟仿真等，帮助学生更直观地理解技术要领，加速技术水平的提升。

3. 竞争压力大

（1）团队合作的重要性

竞技性项目中的竞争不仅体现在个人水平的对抗上，还体现在团队之间的较量中。团队合作是取得胜利的重要保障，而团队之间的竞争也可能给学生带来额外的压力。因此，教师需要重视团队合作的培养，帮助学生建立良好的团队意识和合作精神，促进团队成员之间的默契配合，共同应对来自外部和内部的竞争压力。

（2）压力管理的训练

竞技性项目的竞争压力可能会给学生带来心理负担和压力。教师可以通过心理训练和压力管理课程，帮助学生学会有效应对压力，保持良好的心态和情绪。这包括但不限于情绪调节、专注力训练、应对挫折的能力等方面的训练，帮助学生更好地克服竞争带来的挑战，保持稳定和积极的态度。

（二）竞技性项目教学的机遇

1. 多样化的教学方法

（1）个性化教学

个性化教学是针对学生个体差异性的一种教学方法，旨在通过了解每个学生的学习需求、兴趣爱好和学习风格，为其量身定制教学计划和课程安排。在竞技性项目教学中，个性化教学可以帮助教师更好地满足学生的学习需求，激发学生的学习兴趣和动力。例如，对于技术水平较高的学生，可以提供更多挑战性的训练内容；对于技术水平较低的学生，则可以采用分阶段、循序渐进的教学方法，逐步提高其技术水平。

（2）交互式教学

交互式教学强调学生与教师之间、学生与学生之间的互动与交流。在竞技性项目教学中，教师可以通过讨论、小组合作、实践操作等方式，促进学生之间的互动与合作，提高学生的学习效果和参与度。例如，在教学过程中可以组织学生进行技术讨论和演示，分享彼此的经验和见解，从而加深对技术动作的理解和掌握。

（3）游戏化教学

游戏化教学将学习内容融入游戏化的形式中，通过游戏的方式激发学生的学习兴趣和积极性。在竞技性项目教学中，教师可以设计各种有趣的游戏和竞赛，让学生在游戏中体验技术动作，培养团队合作精神，并在竞争中提高技术水平。例如，可以设置技术挑战赛、团队对抗赛等形式的游戏，让学生在轻松愉快的氛围中提高技能水平，增强团队凝聚力。

2. 团队协作与集体荣誉

（1）团队合作的重要性

在竞技性项目教学中，团队合作是取得成功的关键。学生需要学会在团队中协作配合，相互支持，共同完成比赛中的各项任务。通过团队合作，学生不仅可以提高比赛的效率和成功率，还能够增强团队的凝聚力和向心力，促进团队成员之间的交流与合作。

（2）集体荣誉的意义

集体荣誉是团队成功的象征，也是学生们共同努力的结果。在竞技性项目教学中，取得优异的比赛成绩不仅可以为学校赢得荣誉，也会为学生带来成就感和自豪感。因此，教师需要重视集体荣誉的意义，引导学生树立正确的团队观念，激发学生对集体荣誉的追求和珍惜，让每个学生都感受到团队成功的喜悦和自豪。

3. 个人成长与发展

（1）克服挑战与成长

竞技性项目教学提供了学生克服挑战、实现个人成长的机会。在比赛和训练过程中，学生需要不断面对各种困难和挑战，这不仅是对他们技术水平和身体素质的考验，更是对他们意志品质和心理素质的磨炼。通过克服挑战，学生可以培养坚韧不拔的毅力和勇气，不断提高自身的综合能力和竞技水平。

（2）培养自信与自尊

竞技性项目教学不仅是技术的培养，也是自信心和自尊心的塑造。当学生在比赛中取得成功时，他们会感到自己的努力和付出得到了认可，从而增强自信心。同时，即使面对失败和挫折，通过反思和总结，学生也能够加深自我认识，提高自尊心，逐渐建立起积极向上的人生态度。

（3）价值观的培养

在竞技性项目教学中，除了技术和团队合作能力的培养，教师还有责任培养学生的良好价值观。通过比赛中的公平竞争、尊重对手和裁判、遵守规则等行为，教师可以引导学生树立正确的竞争观念和道德观念，培养学生的良好品德和道德素养，使他们成为品学兼优的优秀公民。

三、竞技性项目教学与学生竞技心态培养的关系

竞技性项目教学不仅仅是技术和战术的传授，更重要的是培养学生正确的竞技心态。教师需要通过以下方式来培养学生的竞技心态。

（一）树立正确的竞争观念

1.对竞争本质的理解

（1）竞争的含义

竞争不仅是简单的胜负较量，更是一种促进个人成长和整体进步的过程。在竞技性项目中，学生通过与他人的比拼，不断发现自身的不足，激发内在潜能，并通过努力与他人竞争，提升自我水平。

（2）促进个人潜能的释放

竞争的过程可以激发学生内在的竞争意识和斗志，使其在挑战中释放个人潜能。在与对手的较量中，学生会经历挑战、突破和成长，不断超越自我，达到更高的境界。

（3）推动整体水平的提高

竞争不仅仅是个体之间的较量，更是整体水平的提高。通过与优秀对手的比拼，学生可以学习到他们的优点和经验，借鉴其成功之道，促使整个团队或群体水平的提升。

2.尊重对手的重要性

（1）对手是伙伴与挑战者

学生应该认识到对手不仅是竞争的对象，更是彼此间的伙伴和挑战者。他们和自己一样经历了艰苦的训练和努力，应该受到应有的尊重和重视。

（2）学习与交流的机会

尊重对手意味着学会欣赏他们的实力和努力，并从中获得学习和交流的机会。学生在与优秀对手的比拼中，可以发现自己的不足之处，并通过交流和学习，提升自身技能和水平。

（3）培养良好竞争氛围

尊重对手有助于培养良好的竞争氛围，促进竞技项目的健康发展。只有在尊重和理解的基础上，才能形成良性竞争的氛围，推动整个团队的进步和发展。

3.谦虚进取的态度

（1）谦虚是成功之基

教师应该鼓励学生保持谦虚的态度。无论是在胜利还是失败面前，谦虚都是成功的基石。学生应该保持谦虚的心态，不断反思自己的不足，不骄不躁地向前迈进。

（2）进取心态的重要性

同时，学生也应该具备积极进取的心态。在竞争中，失败并不可怕，关键在于是否能够积极面对，不断追求进步和突破。只有具备进取心态，才能在竞技项目中不断超越自我，取得更好的成绩。

（二）培养良好的比赛态度

1.面对挑战的心态

（1）做好接受挑战的心理准备

在竞技比赛中，学生可能会面临各种挑战和压力，包括来自对手、观众以及自身的挑战。教师应引导学生建立积极的心态，学会接受挑战并从中成长。通过心理训练和情绪管理技巧，学生可以增强面对挑战的信心和勇气，保持冷静应对各种情况。

（2）培养应对压力的能力

比赛中的压力是常态，教师应帮助学生培养应对压力的能力。通过模拟比赛情境、进行心理疏导和情绪释放训练等方式，学生可以学会应对紧张和焦虑情绪，保持良好的心理状态，有效地面对挑战和压力。

（3）保持自信与专注

面对挑战，自信和专注是学生应具备的重要品质。教师可以通过积极的心理暗示和自我激励，帮助学生建立自信心，相信自己的能力和潜力。同时，教师还应引导学生保持专注，集中注意力于比赛过程，避免受到外界因素的干扰，保持最佳的竞技状态。

2. 享受比赛的乐趣

（1）塑造积极的比赛

教师应该鼓励学生拥有积极的比赛情感，将比赛视为一种体验和成长的机会。比赛不仅是为了获胜，更是一次展现自我的机会，可以在比赛中体验到团队协作、个人突破的乐趣。通过培养积极的比赛情感，学生可以更好地投入到比赛中，发挥出自己的潜力。

（2）重视珍视比赛过程的体验

教师应该引导学生注重比赛过程的体验，而不仅仅是结果的得失。比赛过程中的艰辛、挑战、收获都是宝贵的经历，学生应该从中汲取教训，积累经验，不断完善自我。通过体验比赛过程中的种种情感和经历，学生可以在竞技项目中找到属于自己的乐趣和价值。

（3）强化团队协作与精神

比赛不仅是个人的表现，更是团队的合作。教师应该鼓励学生注重团队合作，享受与队友共同奋斗、共同进步的乐趣。通过团队合作，学生可以体会到团队的力量和凝聚力，感受到团队合作带来的喜悦和成就感。

3. 建立正确的胜负观

（1）正确认识胜负的意义

教师应引导学生正确理解胜负的意义，认识到胜负并非唯一的追求。胜利固然重要，但失败同样是成长和学习的机会。学生应该从胜负中汲取经验和教训，不断完善自我，提升竞技水平。

（2）培养平常心态

学生应该学会以平常心对待胜负。无论是胜利还是失败，都不应过分沉浸或消极退缩。教师可以通过训练和引导，帮助学生保持平常心态，以平和的心态面对比赛结果，理性地分析胜败原因，进而调整训练和提升能力。

（3）培养积极的竞争意识

正确的胜负观应该伴随着积极的竞争意识。学生应该在比赛中充分发挥自己的实力，努力追求胜利，但同时也应懂得尊重对手，接受失败，不断完善自我。通过正确的竞争意识，学生可以保持进取心态，不断提升竞技水平，实现个人和团队的发展。

（三）注重心理素质培训

1. 心理素质在竞技性项目的重要性

（1）竞技性项目中的心理挑战

在竞技性项目中，学生往往面临着来自内外部的各种心理挑战。比如，来自对手的竞争压力、比赛结果的焦虑、观众的期待等，都可能影响到学生的竞技表现。因此，良好的心理素质对于应对这些挑战至关重要。

（2）心理素质对竞技表现的影响

心理素质直接影响着学生的竞技表现。自信心、抗压能力、应变能力等心理素质的强弱将决定学生在比赛中的表现水平。一位心理素质良好的运动员往往能够在面对压力时保持冷静，在逆境中振奋精神，从而更好地发挥自己的潜力。

（3）心理素质与综合能力的关系

心理素质与学生的综合能力密切相关。除了身体素质和技术水平外，良好的心理素质也是学生在竞技项目中取得成功的重要因素之一。只有培养良好的心理素质，学生才能充分发挥自己的潜能，取得更好的竞技成绩。

2. 竞技性项目中心理素质培训方法

（1）心理素质训练课程

教师可以开设心理素质训练课程，通过系统的理论学习和实践训练，帮助学生提升心理素质。这些课程可以包括自我认知、情绪管理、应对压力等内容，通过理论教学和实践操作相结合的方式，让学生全面了解和掌握心理素质的重要性和提升方法。

（2）心理辅导活动

此外，教师还可以组织心理辅导活动，为学生提供个性化的心理支持和指导。通过心理咨询、小组讨论、心理测试等形式，教师可以帮助学生解决心理问题，提升心理素质。这种方式能够更加贴近学生的实际需求，针对性地进行心理辅导和培训。

（3）实践体验与反思

心理素质的提升需要通过实践体验和反思来巩固和加深。教师可以组织学生参与模拟比赛、角色扮演等实践活动，在实践中感受和体验竞技项目中的心理挑战，通过反思和总结，不断完善自己的心理素质，提高竞技水平。

3. 心理素质的实践应用

（1）应用到比赛中

学生需要将所学的心理素质应用到实际比赛中。教师可以在比赛前为学生进行心理辅导和训练，帮助他们建立自信心、保持冷静、应对压力，确保比赛时能够发挥出最佳水平。

（2）持续跟进和指导

除了比赛前的心理准备，教师还需要在比赛过程中持续跟进和指导学生的心理状态。及时给予学生鼓励和支持，帮助他们调整心态，应对各种情况，保持良好的竞技状态。

（3）比赛后的总结与反思

比赛结束后，教师应组织学生进行比赛总结与反思，重点关注心理素质的表现和影响。通过分析比赛过程中的心理问题和挑战，学生可以更好地认识自己，在下一次比赛中做出更好的表现。

第二节　竞技性项目的比赛策略与战术

一、比赛策略的制定与调整

（一）比赛策略的重要性

1. 确保竞技优势与胜利实现

比赛策略的制定是确保竞技项目取得胜利的关键一环。一个精心设计的比赛策略可以为团队赢得优势，提高比赛的胜算。通过对对手的分析和实力评估，制定出针对性的策略，能够有效应对各种比赛情况，为团队争取最佳的比赛结果。

2. 提升团队整体竞技表现

制定比赛策略不仅能够在比赛中获取胜利，还能够提高团队的竞技水平。通过深入分析对手的技术特点和比赛习惯，团队可以更好地了解自己的不足之处，并进行针对性地训练和提高。比赛策略的制定过程本身也是一次对团队实力的评估和提升过程，有助于团队成员之间的交流和合作。

3. 增强团队内部凝聚与协作

比赛策略的制定过程需要团队成员的密切合作和协商，这有助于增强团队的凝聚力和团队精神。团队成员共同参与比赛策略的制定，能够增进彼此之间的了解和信任，形成团结一致的合作态势，从而更好地应对比赛中的各种挑战。

（二）战术运用与对手分析

1. 了解对手的重要性

（1）了解对手特点和弱点

对手分析是制定有效战术的基础。通过对对手的深入分析，可以更好地了解其技术特点、比赛战术以及过往比赛表现等方面的情况，从而发现对手的弱点和薄弱环节。这样就可以有针对性地制定战术，利用对手的弱点来占据比赛的优势。

（2）抓住对手的失误和疲劳

通过对对手的分析，还可以抓住对手可能出现的失误和疲劳。了解对手的比赛习惯和体能状况，可以在比赛中及时把握对手的疲劳程度和状态变化，从而调整自己的战术，进一步加大对手的压力，争取比赛的胜利。

（3）制定针对性的应对策略

对手分析还有助于团队制定针对性的应对策略。根据对手的特点和战术倾向，团队可以选择合适的应对方式，如选择对手的弱点进行针对性进攻，或者采取特定的防守策略来限制对手的进攻，从而有效应对对手的挑战，争取比赛的胜利。

2. 战术的选择和运用

（1）进攻战术的选择

根据对手的分析，团队可以选择合适的进攻战术来应对对手的防守。如果对手的防守重点在内线，团队可以选择通过外线投篮来打破对手的防守；如果对手的外线防守较强，团队可以选择通过内线进攻来攻破对手的防线。

（2）防守战术的选择

在防守方面，团队可以根据对手的进攻特点选择合适的防守战术。如果对手的进攻以快攻为主，团队可以选择加强后防线的防守，限制对手的快攻得分机会；如果对手的进攻以内线为主，团队可以选择加强内线的防守，限制对手的得分空间。

（3）过渡战术的运用

除了进攻和防守战术外，过渡战术也是比赛中重要的一环。团队可以根据比赛的实际情况选择合适的过渡战术，及时从防守转变为进攻，或者从进攻转变为防守，以实现战术的连贯和灵活应变。

3.战术调整与反应能力

（1）实时观察和反馈

在比赛中，团队需要实时观察对手的表现和比赛局势，并及时进行反馈。教练和队员需要密切关注比赛的动态，发现对手的战术变化和弱点，并及时调整自己的战术，以应对对手的挑战。

（2）快速适应和调整

团队成员需要具备快速适应和调整的能力。当对手采取新的战术或出现新的局面时，团队需要迅速做出反应，并及时调整战术，以应对对手的挑战。这需要团队成员之间的密切配合和沟通，以确保团队在比赛中保持优势。

（三）比赛策略与团队协作的关系探究

1.团队协作在比赛策略中的作用

（1）实现策略的统一执行

团队协作是确保比赛策略能够得到统一执行的关键。比赛策略的制定往往需要团队成员之间的讨论和协商，统一的战术和行动方向也在这个过程中确立起来。而团队协作则是将这些策略转化为实际行动的保证，团队成员需要共同配合，按照制定的策略进行比赛，以实现团队整体的战略目标。

（2）最大程度发挥团队优势

团队协作可以帮助团队充分发挥团队的优势，实现合作共赢。在比赛中，每个团队成员都有自己的特长和优势，通过团队协作，可以将每个人的优势充分结合起来，形成整体实力的提升。团队成员之间相互配合，共同完成比赛中的各项任务，从而实现最佳的比赛效果。

（3）应对突发情况和调整策略

在比赛中，往往会出现各种突发情况和对手的意外举动，这时团队协作就显得尤为重要。团队成员需要密切配合，迅速做出反应，并及时调整策略，以应对比赛中的各种挑战。只有通过团队协作，团队才能保持稳定、灵活地应对比赛中的变化，最大限度地争取比赛的胜利。

2. 比赛中的团队协作

（1）信任和支持

团队协作需要建立在相互信任和支持的基础上。团队成员需要相互信任彼此的能力和决策，以及相互支持在比赛中的表现。只有通过信任和支持，团队成员才能更好地配合，共同实现比赛的目标。

（2）沟通和配合

在比赛中，团队成员之间需要进行密切地沟通和配合。通过有效地沟通，团队成员可以及时交流信息、调整战术，并共同应对比赛中的各种情况。配合默契是团队协作的重要体现，团队成员需要在比赛中密切配合，相互协作，共同完成比赛任务。

（3）共同奋斗和共同成长

比赛是团队成员共同奋斗的过程，也是他们共同成长的机会。通过比赛，团队成员可以相互学习、相互促进，共同提高比赛水平和团队实力。团队协作不仅能够在比赛中取得好成绩，还能够促进团队成员之间的团结和友谊，实现团队的全面发展。

3. 团队协作的培养

（1）训练中的团队练习

团队协作的培养需要在平时的训练中加以重视。教练可以通过团队练习和合作训练等方式，促进团队成员之间的默契和配合能力。通过模拟比赛场景，让团队成员在训练中习惯相互配合、相互支持，从而增强团队的协作能力。

（2）领导者的示范和引导

教练作为团队的领导者，需要在团队协作的培养中发挥重要作用。教练可以通过自身的示范和引导，激励团队成员，引导他们建立团队意识和协作精神。教练的示范可以是在训练和比赛中展现出优秀的团队合作能力，同时通过言传身教，向团队成员灌输团队合作的重要性，并指导他们如何在比赛中更好地协作。

（3）团队建设活动

除了训练中的团队练习外，团队建设活动也是培养团队协作的有效途径。教练可以组织团队成员参加各种团队建设活动，如户外拓展训练、团队合作游戏等，通过这些活动增进团队成员之间的相互了解、信任和默契，提高团队的凝聚力和协作能力。

（4）奖惩机制的建立

建立奖惩机制也是培养团队协作的有效手段。教练可以根据团队成员的表现设立奖励和惩罚措施，激励团队成员积极配合、共同努力。通过奖惩机制，团队成员将更加重视团队合作，增强团队的凝聚力和执行力。

第三节　竞技性项目的训练计划和周期化

一、训练计划的制定与执行

（一）制定科学合理的训练计划

1. 考虑学生的年龄和水平

（1）了解不同年龄段学生的特点

在竞技性项目的训练计划中，学生的年龄是一个重要的考虑因素。不同年龄段的学生具有不同的身体素质和心理发展水平。例如，青少年的身体还在发育阶段，骨骼、肌肉等方面可能相对较弱，同时他们的认知水平和自我控制能力也在不断发展。相比之下，成年学生的身体素质和心理发展水平已经相对成熟稳定。因此，教练需要根据不同年龄段学生的特点，制定相应的训练计划。

（2）调整训练的强度和内容

针对不同年龄段学生的特点，教练应该调整训练计划的强度和内容。对于青少年学生，应该避免过度激烈的训练安排，注重技术的细致训练和身体素质的逐步提升。同时，还需要重视心理素质的培养，帮助他们建立自信心和应对挑战的能力。对于成年学生，则可以适度增加训练强度和质量，以进一步提高其竞技水平和身体素质。

（3）个性化地指导和关怀

针对不同年龄段学生的特点，教练还需要提供个性化的指导和关怀。对于青少年学生，教练需要更多地关注其身体健康和心理发展，帮助他们建立正确的训练观念和行为习惯。对于成年学生，则可以更多地注重技术和战术方面的训练，帮助他们更好地适应比赛节奏和竞争环境。

2.考虑学生的训练目标

（1）了解学生的个人目标和需求

制定训练计划时，必须充分考虑学生的个人训练目标。有些学生可能主要追求在比赛中获胜，他们希望通过训练提高自己的竞技水平，取得更好的比赛成绩。而另一些学生可能更注重身体健康和全面发展，他们希望通过训练提高身体素质、培养自我管理能力等。因此，教练需要与学生充分沟通，了解他们的个人目标和需求。

（2）有针对性地制定训练计划

根据学生的个人目标和需求，教练可以制定针对性地训练计划。对于追求竞技成绩的学生，训练计划可能更加注重技术和战术方面的训练，以提高其在比赛中的表现水平。而对于注重身体健康和全面发展的学生，则可以设计更加综合和多样化的训练内容，包括技术、体能和心理等方面的训练。

（3）持续调整和优化训练计划

随着学生个人目标和需求的变化，训练计划也需要持续调整和优化。教练可以定期与学生进行沟通和反馈，了解其训练感受和目标变化，根据实际情况及时调整训练计划，确保其能够达到最佳的训练效果。

3.考虑比赛日程等因素

（1）充分了解比赛日程和要求

在制定训练计划时，教练需要充分了解学生即将参加的比赛日程和比赛要求。比赛日程的安排和比赛的类型、级别等因素都会影响训练计划的制定。有些比赛可能需要长期的准备和专项训练，而另一些比赛可能需要更加灵活地应对和调整。

（2）合理安排训练内容和强度

根据比赛日程的安排，教练需要合理安排训练内容和强度。在比赛前期，可以适当增加技术和体能方面的训练，以提高学生的竞技水平和比赛适应能力。

在比赛临近期，可以逐渐减少训练强度，注重比赛技术和战术的训练，确保学生能够在比赛中达到最佳状态。

（3）保障训练与比赛之间的休息和恢复

在比赛日程安排中，教练还需要保障训练与比赛之间的充分休息和恢复。过度训练和缺乏休息可能会导致学生身体疲劳和心理压力过大，影响比赛表现。因此，教练需要合理安排训练和比赛之间的时间间隔，确保学生能够在比赛中保持良好的竞技状态。在比赛后，也需要适当安排恢复性训练和休息，让学生有足够的时间恢复体力和心理状态，为下一阶段的训练做好准备。

（二）训练内容的全面覆盖

1.技术训练的重要性

（1）技术精进：竞技成功的基石

技术训练在竞技性项目中扮演着至关重要的角色。竞技项目的胜负往往取决于运动员的技术水平，而技术训练则是提高运动员技能的有效途径之一。在诸如足球、篮球、游泳等项目中，良好的技术水平能够直接影响到比赛的结果。例如，在足球比赛中，一个优秀的射门技术或传球技巧可能决定着一场比赛的胜负。

（2）技术训练的实质与方法论

技术训练涉及各种基本动作和战术技巧的练习。对于不同的竞技项目，技术训练的内容和方法也会有所不同。例如，在篮球项目中，技术训练可能包括投篮、传球、盘带等基本技能的练习，以及防守、进攻战术的训练；而在游泳项目中，技术训练可能包括不同泳姿的技术要领、转身、转弯等技术动作的练习。

（3）精心构建技术训练的路线图

针对不同项目和不同水平的运动员，需要设计科学合理的技术训练计划。这需要教练结合运动员的实际情况，分析其技术特点和不足之处，有针对性地制定训练目标和训练内容。同时，还需要采用多种训练方法，如分解训练、整体训练、模拟比赛训练等，以提高训练效果和运动员的技术水平。

2.体能训练的综合性

（1）体能训练在竞技项目中的作用

体能训练在竞技项目中具有非常重要的作用。运动员的体能水平直接影响着其在比赛中的表现，良好的体能水平不仅可以提高运动员的竞技能力，还能够减少受伤的风险。因此，综合性的体能训练是提高运动员整体素质的重要途径。

（2）体能训练的内容和方法

体能训练涉及多个方面的内容，包括力量、耐力、速度、灵敏度等。针对不同项目和不同运动员的特点，体能训练的内容也会有所不同。例如，在足球项目注重爆发力和耐力的训练；而田径项目可能更加注重速度和灵敏度的训练。体能训练的方法包括有氧训练、无氧训练、力量训练、柔韧性训练等，通过这些训练方法可以全面提高运动员的身体素质。

（3）科学设计体能训练计划

为了达到最佳的训练效果，需要科学设计体能训练计划。这需要教练根据运动员的实际情况和比赛需求，制定针对性地训练目标和训练内容。同时，还需要合理安排训练负荷和休息，避免过度训练导致运动损伤。综合性的体能训练计划能够全面提高运动员的身体素质，为其在比赛中取得更好的表现奠定基础。

（三）训练计划的执行与跟进

1. 严格执行训练计划

（1）建立执行意识和纪律

严格执行训练计划的首要任务是建立学生的执行意识和纪律。教练应该在学生中树立良好的执行态度，让他们认识到训练计划对于提高竞技水平的重要性。这需要教练在日常训练中不断强调训练计划的重要性，要求学生按时到场参加训练，严格按照训练安排进行训练。同时，教练也要以身作则，自己首先要严格执行训练计划，做到言传身教，起到榜样的作用。

（2）监督和指导学生的训练

严格执行训练计划需要教练对学生的训练进行严格地监督和指导。教练应该全程参与学生的训练过程，及时纠正他们的训练动作和姿势，确保训练的正确性和有效性。教练还应该控制训练的强度和时间，根据学生的实际情况进行调整，避免过度训练和伤害的发生。通过持续的监督和指导，可以确保学生按照训练计划进行训练，提高训练效果和竞技水平。

（3）关注学生的身体状况

在严格执行训练计划的过程中，教练还需要密切关注学生的身体状况，确保他们在安全的范围内进行训练。如果发现学生在训练中出现疲劳、不适或受伤等情况，教练应该及时停止训练，并给予适当的处理和护理。在学生进行高强度训练或比赛前，教练还应该进行必要的身体检查和评估，确保其身体状况良好，能够承受训练和比赛的压力。

2. 及时跟进调整

（1）观察学生的训练表现

在训练计划执行过程中，教练需要及时观察学生的训练表现，了解其训练态度和水平。通过观察学生的训练动作、姿势和表现，教练可以初步判断学生的训练效果和问题所在，为进一步调整训练计划提供参考依据。

（2）与学生进行沟通交流

除了观察，教练还需要与学生进行沟通交流，了解他们的训练感受和存在的问题。通过与学生的交流，教练可以更深入地了解其训练需求和困难，及时解决存在的问题，调整训练计划。同时，也可以向学生传达教练的期望和要求，激发他们的训练积极性和主动性。

（3）根据实际情况调整训练计划

根据观察和交流的结果，教练需要及时调整训练计划，确保其科学合理和实施可行。这可能涉及训练内容、强度、时间等方面的调整。例如，如果发现学生在某项训练中表现不佳，教练可以适当减少训练强度，增加训练时间，或者调整训练方法，以提高训练效果和学生的竞技水平。

3. 定期评估训练效果

（1）设立评估指标和标准

定期评估训练效果需要设立科学合理的评估指标和标准。这包括技术水平的提高、体能素质的增强、心理素质的改善等方面。教练可以根据学生的实际情况和训练目标，确定评估指标，如技术动作的准确度、力量训练的提升、耐力训练的效果、心理素质的稳定性等，建立相应的评估标准，以便对学生的训练效果进行客观评价。

（2）收集评估数据和信息

教练在评估训练效果时，需要收集相关的数据和信息，以便进行科学分析和评价。这可以通过观察学生的训练表现、记录训练成绩、进行技术测试、进行体能测试等方式来实现。通过收集和整理这些数据和信息，教练可以全面了解学生的训练情况，发现问题并加以解决。

（3）分析评估结果并调整训练计划

根据评估结果，教练需要对训练计划进行科学分析，并及时调整。如果评估结果显示学生在某项训练方面进步不明显，教练可以针对性地调整训练内容和方法，加强弱项训练，提高训练效果。同时，也要及时肯定学生取得的进步和成绩，激发他们的学习积极性和信心。

二、训练周期化与赛季规划策略

（一）训练周期化的重要性

1.考虑比赛日程和学生的身体素质

（1）详细了解比赛日程和重要性

在制定训练周期时，教练需要深入了解比赛的日程安排和比赛的重要性。这包括对各项比赛的时间节点、比赛间隔以及比赛级别的了解。例如，如果学生参加的是季节性比赛，教练需要根据比赛季节来安排训练周期，确保学生在比赛前有足够的准备时间；如果是重要比赛，如冠军赛或选拔赛，那么训练周期的安排就需要更加精细和紧凑。

（2）考虑学生的身体素质特点

在制定训练周期化时，教练还需要考虑学生的身体素质特点，以便制定出针对性的训练计划。不同年龄段和性别的学生，其身体素质水平会有所差异，教练需要根据这些差异进行差异化的训练安排。同时，还需要考虑到学生的体能水平、受伤史以及生理周期等因素，以便合理调整训练内容和强度，确保训练效果和学生的健康。

（3）综合考虑比赛和训练安排

在考虑比赛日程和学生身体素质时，教练需要综合考虑比赛和训练安排，以达到最佳的训练效果。比如，如果学生即将参加一系列密集的比赛，那么在训练周期化中就需要合理安排恢复期，以确保学生在比赛中能够保持最佳状态。同时，还需要考虑到学生在比赛季节的学业负担和生活压力，调整训练安排，避免过度训练和过度压力的发生。

2.划分不同比赛阶段并安排训练内容

（1）准备期和基础期的安排

在训练周期化中，准备期和基础期通常是训练计划的起始阶段。在这个阶段，教练主要侧重于学生的技术和体能基础的建立和提高。技术训练包括基本动作和战术技巧的练习，体能训练包括力量、耐力、速度和灵敏度等方面的训练。此外，还需要进行心理素质的培养，帮助学生建立信心和抗压能力。

（2）竞赛期的安排

竞赛期是训练周期化的重要阶段，这时学生将面临一系列比赛的挑战。在竞赛期，教练需要根据比赛日程和学生的状态，合理安排训练内容和强度。重点是维持学生的竞技状态和进行比赛准备，包括技术的巩固和精练、体能的保持和恢复、心理素质的调整和稳定等方面。

（3）恢复期的安排

恢复期是训练周期化的最后阶段，也是非常重要的阶段。在这个阶段，学生需要充分休息和恢复，让身体和心理得到充分地调整和准备，为下一个训练周期做好准备。教练可以安排一些轻松的训练活动，如游泳、瑜伽等，帮助学生放松身心，减轻训练压力，从而更好地迎接下一个训练周期的挑战。

3.力求达到最佳的比赛状态

（1）提高竞技水平和心理素质

通过合理的训练周期化安排，可以帮助学生在比赛时达到最佳状态。在准备期和基础期，学生可以通过系统的技术和体能训练，提高自身的竞技水平和心理素质。这包括技术动作的熟练度、体能素质的增强、心理素质的稳定性等方面。通过持续地训练和锻炼，学生可以逐渐提高自己的竞技水平，为比赛做好充分的准备。

（2）保持竞技状态和适度的比赛准备

在竞赛期，学生需要保持竞技状态的稳定，并进行适度的比赛准备。教练需要根据比赛日程和学生的状态，合理安排训练内容和强度，确保学生在比赛时能够达到最佳状态。这包括维持技术和体能水平的稳定，调整心理状态和竞技状态的适应性等方面。通过合理的比赛准备，学生可以在比赛中发挥出自己的最佳水平，取得优异的成绩。

（3）充分恢复和调整

在训练周期的恢复期，学生需要充分休息和调整，让身体和心理得到充分地恢复和调整。教练可以安排一些轻松的活动，如休闲的体育运动、放松的瑜伽练习等，帮助学生放松身心，减轻训练压力，恢复体力和精力。通过充分地休息和调整，学生可以更好地调整状态，为下一个训练周期做好准备。

（二）赛季安排的合理性

1. 考虑比赛频率和间隔

（1）综合评估比赛频率

赛季安排的合理性首先需要综合评估比赛的频率。这涉及比赛的密集程度和间隔时间。密集的比赛安排可能对学生的身体和心理造成较大压力，尤其是在长期比赛压力下容易导致疲劳和伤病。因此，教练需要考虑比赛之间的间隔，确保学生有足够的时间进行恢复和准备下一场比赛。

（2）平衡比赛频率与身体恢复

合理的赛季安排应该平衡比赛频率与学生的身体恢复。如果比赛频率过高，学生可能无法充分恢复，从而影响后续比赛的表现。因此，教练需要根据学生的身体状况和比赛日程，合理安排比赛，确保比赛间有足够的恢复时间，保障学生的身体健康和竞技状态。

（3）注意疲劳和伤病的预防

赛季安排的合理性还需要注意疲劳和伤病的预防。过于密集的比赛安排可能会增加学生的疲劳和伤病风险。因此，教练需要及时观察学生的身体状况，监测疲劳程度，并采取相应的措施进行干预。这可能包括调整训练强度和时间，增加恢复性训练，以及提供必要的身体治疗和康复支持。

2. 保持比赛的连续性和紧凑性

（1）确保比赛之间的连续性

赛季安排的合理性还需要保障比赛之间的连续性。间隔过长的比赛可能会使学生失去竞技状态，影响比赛的连贯性和稳定性。因此，教练需要合理安排比赛，确保比赛之间有适当的时间间隔，同时保持比赛的连续性，使学生能够在比赛中保持竞技状态。

（2）维持比赛的紧凑性

另一方面，赛季安排的合理性还需要维持比赛的紧凑性。紧凑的比赛安排有利于学生保持竞技状态和比赛经验的积累。通过密集的比赛安排，学生可以更快地适应比赛节奏和环境，提高比赛表现水平。因此，教练需要合理安排比赛，确保比赛之间的间隔不过长，以维护比赛的紧凑性。

（3）平衡连续性和紧凑性

赛季安排的合理性需要平衡比赛的连续性和紧凑性。连续性可以帮助学生保持竞技状态，紧凑性可以提高比赛经验和表现水平。因此，教练需要根据比赛日程和学生的情况，灵活调整比赛安排，确保比赛之间既有足够的连续性，又保持一定的紧凑性，以达到最佳的比赛效果。

3.综合考虑比赛的重要性

（1）针对比赛的重要性制定安排

赛季安排的合理性还需要综合考虑比赛的重要性。一些重要的比赛可能需要更长的准备时间和恢复时间，因此需要在赛季安排中留出足够的空间。教练需要根据比赛的级别和重要性，制定相应的安排，确保学生在关键比赛中能够达到最佳状态。这可能包括提前调整训练计划，增加比赛前的恢复时间，减少其他比赛或训练项目的安排，以确保学生能够全力备战关键比赛。

（2）灵活调整比赛安排

赛季安排的合理性还需要教练灵活调整比赛安排，以应对不同情况和需求。有时候可能会出现比赛日期变更、天气影响、学生伤病等突发情况，教练需要及时调整比赛安排，确保学生能够适应新的情况。这可能需要与赛事组织者和其他教练进行沟通和协商，以保证比赛安排的顺利进行。

（3）个体化考虑

赛季安排的合理性还需要个体化考虑。每个学生的情况和需求可能会有所不同，教练需要根据学生的个体情况制定相应的赛季安排。这可能包括考虑学生的身体状况、训练进展、个人目标等因素，以确保每个学生都能够在赛季中得到充分的发展和支持。

（三）训练与比赛的协调

1. 提升训练强度与内容丰富度

（1）技术训练的加强

在比赛前期，加大技术训练的强度和内容对于提高学生在比赛中的表现至关重要。技术训练可以包括各项基本动作和战术技巧的练习，以及对于复杂技术的提高和完善。例如，在足球比赛中，可能需要加强射门、传球、控球等技术的训练，同时对于战术的练习和应用也是必不可少的。

（2）体能训练的增加

除了技术训练外，比赛前期还需要加大体能训练的强度和内容。体能训练可以包括力量训练、耐力训练、速度训练以及灵敏度训练等多个方面。通过体能训练，学生可以增强身体素质，提高在比赛中的持久力和爆发力，从而更好地应对比赛的挑战。

（3）心理素质的培养

除了技术和体能训练外，比赛前期还需要加大对学生心理素质的培养和训练。心理素质包括自信心、决心、意志力、专注力等方面，这些都对学生的比赛表现产生重要影响。教练可以通过心理训练、团队建设、比赛模拟等方式，帮助学生建立良好的心理素质，增强他们在比赛中的竞争力。

2. 适时减轻训练压力

（1）调整训练内容和强度

在比赛期间，尤其是临近比赛时，需要适当减轻训练强度，以确保学生能够在比赛中保持最佳状态。这并不意味着停止训练，而是调整训练内容和强度，使其更加贴近比赛需求。例如，可以减少长时间的有氧训练，转而增加短时高强度的爆发力训练，以提高学生在比赛中的应对能力。

（2）注重技术细节和战术训练

在比赛期间，教练还需要注重技术细节和战术训练，帮助学生在比赛中更加灵活地运用所学技能。这包括针对比赛中常见情况的模拟训练，以及对技术动作的精细调整和改进。通过这种方式，学生可以更好地应对比赛中的各种挑战，提高比赛的竞争力。

（3）保持适度的身体活动

虽然需要减轻训练强度，但在比赛期间仍需保持适度的身体活动，以保持身体的灵活性和状态。可以选择一些轻松的训练活动，如散步、游泳、瑜伽等，帮助学生放松身心，保持良好的竞技状态。

3. 开展恢复性训练以优化表现

（1）有氧运动

在比赛后期，需要进行适度的恢复性训练，帮助学生尽快恢复体力和精力。有氧运动是恢复性训练的重要组成部分之一。适度的有氧运动可以促进血液循环，加速代谢废物的排出，有助于减轻疲劳和恢复身体状态。

（2）拉伸放松

除了有氧运动，拉伸放松也是恢复性训练中的重要内容。拉伸可以缓解肌肉紧张和疲劳，促进肌肉的恢复和修复。在比赛后，学生的肌肉可能会处于紧张状态，适当的拉伸放松可以帮助恢复肌肉的弹性和柔软度，减少运动后的不适感。

三、训练计划与学生身心健康的平衡与协调

（一）训练负荷与休息的平衡艺术

1. 确定训练负荷的关键因素

在平衡训练负荷与休息之前，首先需要明确确定训练负荷的关键因素。这些因素包括以下几个方面。

（1）学生的年龄

年龄是影响训练负荷的重要因素之一。不同年龄段的学生身体素质、代谢水平和康复能力各不相同。年轻学生可能需要更频繁的休息来适应训练负荷，而成年学生则可能能够承受更高的训练强度。

（2）学生的体能水平

学生的体能水平直接影响了他们对训练的适应程度。体能较低的学生可能需要逐步增加训练负荷，以避免过度训练和伤害发生。相反，具有较高体能水平的学生可能需要更高强度的训练以继续提高他们的表现。

（3）学生的训练目标

不同的训练目标可能需要不同程度的训练负荷。例如，为了提高肌肉质量和力量，学生可能需要进行更多的重量训练；而为了提高耐力和速度，他们可

能需要更多的有氧运动和间歇训练。

（4）训练周期和阶段

训练周期的不同阶段可能需要不同强度和负荷的训练。例如，在准备期和基础期，学生可能需要更多的体能训练来建立基础；而在竞赛期，重点可能会放在技术和战术的提高上。

2.合理协调训练负荷

根据上述因素，教练应该合理安排训练负荷，以确保学生在训练中保持健康和进步。这包括以下几个方面。

（1）渐进增加负荷

训练负荷应该根据学生的适应能力逐步增加。过于突然或剧烈地增加负荷可能会导致过度训练和伤害。逐步增加负荷可以让学生逐渐适应，避免身体负荷过重。

（2）差异化训练负荷

针对不同学生的个体差异和训练目标，教练应该差异化训练负荷。这可能包括调整训练强度、时长和频率，以满足每个学生的需求。

（3）定期评估和调整

教练应该定期评估学生的训练效果和身体状况，并根据评估结果调整训练计划和负荷。如果发现学生出现过度疲劳、伤病或训练效果不佳，应及时减少负荷或调整训练方案。

3.合理安排休息时间

除了合理安排训练负荷外，合理安排休息时间同样至关重要。适当的休息可以帮助学生消除疲劳，减少伤害的发生，提高训练效果。教练可以采取以下措施来合理安排休息时间。

（1）定期休息日

在训练周期中安排定期的休息日，让学生有时间恢复和放松。这可以有助于减轻疲劳和预防过度训练。

（2）分段休息

在训练中适时安排休息段，让学生有机会放松身体、调整呼吸，并准备好进行下一轮训练。

（3）充足睡眠

睡眠是身体恢复和修复的重要方式。教练应鼓励学生保持良好的睡眠习惯，确保他们有充足的睡眠时间来恢复身体。

（二）心理健康的关注

1.认识与应对心理压力

（1）认识心理压力的来源

在竞技性项目中，学生可能面临多种心理压力的来源，包括来自比赛结果的压力、来自对手的竞争压力、来自教练和家长的期望压力等。教练需要认识到这些压力的存在，并理解其对学生的影响，以便采取相应的措施进行应对。

（2）提供心理支持与指导

教练在训练和比赛中扮演着重要的心理支持者角色。他们需要与学生建立良好的信任关系，鼓励他们表达内心的压力和困惑，并提供积极的心理指导和支持。通过倾听、理解和鼓励，教练可以帮助学生建立积极的心态，应对挑战和压力。

（3）开展心理辅导与技巧训练

除了提供支持和指导外，教练还可以通过开展心理辅导和技巧训练来帮助学生有效应对心理压力。这包括情绪管理技巧、放松训练、注意力集中技巧等。通过系统地训练，学生可以学会应对心理压力的有效方法，提高自身的心理适应能力。

2.心理素质的培养和训练

（1）培养自信心

自信心是应对心理压力的重要因素之一。教练可以通过积极地激励和肯定，帮助学生建立自信心。同时，在训练中注重学生的进步和成就，逐步增强其自信心，使其在面对挑战时能够保持镇定和自信。

（2）压力管理的训练

压力管理是心理素质训练的重要内容之一。教练可以通过模拟比赛场景、设定适当的压力任务等方式，帮助学生逐步适应和管理压力。同时，教导学生运用呼吸调节、积极心态等方法，有效缓解压力带来的不适。

（3）提高专注力

在竞技项目中，良好的专注力可以帮助学生更好地应对压力和挑战。教练可以通过训练学生的注意力集中能力，提高其在比赛中的表现。例如，通过注意力训练游戏、专注力测试等方式，增强学生的专注力和注意力持久性。

3.定期进行心理评估和辅导

（1）建立心理评估机制

教练可以建立定期的心理评估机制，对学生的心理状态进行全面评估。这包括通过问卷调查、面谈等方式了解学生的心理问题和困扰，及时发现潜在的心理压力和障碍。

（2）个性化心理辅导

针对学生的心理问题和困扰，教练可以提供个性化的心理辅导服务。这包括与学生进行一对一的心理沟通和指导，帮助他们找到解决问题的方法和策略，有效应对心理压力。

（3）建立心理支持体系

教练可以建立完善的心理支持体系，包括心理辅导师、心理咨询服务等资源。通过与专业心理人员合作，为学生提供更加全面和专业的心理支持和帮助，帮助他们保持良好的心理状态。

（三）个性化的训练计划

1.制定个性化的训练计划

（1）个性化需求分析

在制定训练计划之前，首先需要进行个性化需求分析。这包括对学生的身体素质、运动技能水平、健康状况以及目标和期望的了解。通过与学生的沟通和评估，教练可以确定学生的特点和需求，为制定个性化的训练计划提供基础。

（2）身体素质评估

进行全面的身体素质评估是制定个性化训练计划的重要步骤之一。这包括对学生的体力、柔韧性、力量、速度等方面进行测试和评估。通过科学的测试方法，教练可以客观地了解学生的身体素质水平，为后续训练内容的确定提供依据。

（3）运动技能水平评估

除了身体素质，运动技能水平也是个性化训练计划考虑的重要因素之一。教练需要评估学生在特定运动项目或技能上的表现，包括技术熟练程度、战术应用能力等方面。这有助于确定学生在不同训练内容上的重点和优先级，并为后续训练计划的制定提供指导。

（4）目标和期望明确化

在了解学生的身体素质和运动技能水平后，教练与学生一起明确训练的目标和期望。这包括短期和长期的目标设定，以及对训练成果的期待。通过与学生充分沟通，确保目标的设定具有可行性和实际意义，同时也提高了学生对训练计划的参与和积极性。

2.灵活调整训练计划

（1）根据反馈调整训练内容

制定的训练计划并不是一成不变的，教练需要根据学生的反馈和实际表现进行灵活调整。如果学生在某项训练中遇到困难或出现身体不适，教练需要及时调整训练内容和强度，确保训练的有效性和安全性。

（2）考虑学生的生理和心理状态

在调整训练计划时，教练还需要考虑学生的生理和心理状态。例如，如果学生处于压力较大的考试阶段或情绪低落的状态，教练可以适当调整训练的强度和内容，以减轻其压力和负担，保障其身心健康的平衡。

（3）持续跟踪和评估

制定训练计划并不意味着一劳永逸，教练需要持续跟踪和评估学生的训练效果和反馈。通过定期的评估和反馈机制，教练可以及时发现问题和调整方向，保证训练计划始终与学生的需求和实际情况保持一致。

3.注重学生的参与和反馈

（1）建立良好的沟通机制

为了更好地了解学生的需求和反馈，教练需要建立良好的沟通机制。这包括定期与学生进行面对面的交流、倾听他们的意见和建议，以及提供渠道让学生随时反馈训练的感受和问题。

（2）充分尊重学生的意见

在制定和调整训练计划时，教练应充分尊重学生的意见和建议。学生是训练的主体，他们的参与和主动性对于训练计划的执行至关重要。尊重学生的意见，使教练不仅能够更好地满足他们的需求，也能够增强学生对训练计划的认同感和投入度。

（3）定期评估和调整

除了倾听学生的反馈外，教练还需要定期评估训练计划的执行情况和效果。通过与学生共同分析训练成果和问题，教练可以及时调整训练计划，使其更加符合学生的实际需求和期望，从而提高训练的效果和持续性。

第七章　高校运动损伤与康复

第一节　运动损伤的类型和原因分析

一、运动损伤类型与分类

（一）急性运动损伤

1.肌肉韧带损伤

肌肉韧带损伤在运动医学领域中是一种相当普遍的急性运动损伤类型，常见于运动员在剧烈运动或不当运动姿势下的突然受力。这类损伤涵盖了肌肉拉伤、肌肉撕裂以及韧带扭伤等病理状态，与运动过程中的快速加速、减速、转向或者不稳定的动作密切相关。典型的受影响部位主要集中在腿部、膝盖和肩部等关键关节周围的肌肉和韧带组织。在运动中，这些部位承受着较大的力量和压力，因此更容易受伤。

肌肉韧带损伤的程度可以从轻微的拉伤到严重的撕裂不等。轻微的拉伤可能只导致肌肉或韧带的微小纤维断裂，而严重的撕裂则可能导致组织断裂或完全撕裂。症状可能包括疼痛、肿胀、瘀伤和活动受限等，严重情况下甚至可能导致功能障碍或暂时性的运动员退出。值得注意的是，肌肉韧带损伤不仅影响了运动员的运动能力和竞技状态，还可能对其心理产生负面影响，如焦虑、压力和失落感等。

针对肌肉韧带损伤，及时和正确地处理至关重要。早期的冰敷、压迫、提升（RICE）疗法可以帮助减轻疼痛和肿胀，并促进受伤组织的愈合。在康复阶段，适度的运动和物理治疗有助于恢复受伤部位的功能和稳定性。此外，正确的姿势、合适的装备以及科学的训练方法也是预防肌肉韧带损伤的重要措施。

综合而言，加强对肌肉韧带损伤的认识，采取预防和治疗措施，有助于保障运动员的身体健康和竞技表现。

2. 关节损伤

关节损伤是运动过程中常见的急性损伤类型之一，主要指关节部位在运动中受到外力冲击或不当关节活动而导致的损伤。这类损伤可能包括关节脱位、关节扭伤等病理状态，其发生机制通常涉及关节周围的软组织结构受到牵拉或扭曲，导致关节的异常移位或受损。关节损伤通常发生在运动员进行剧烈运动、碰撞或扭转动作时，尤其在接触性运动项目中更为常见。

常见受影响的关节包括膝关节、肘关节、踝关节等关键关节。这些关节在运动中承受着较大的力量和压力，因此更容易受伤。例如，膝关节在运动中常受到扭曲或外力冲击，导致半月板损伤或十字韧带撕裂；肘关节在击球类运动中容易受到过度伸展或外力冲击，引发肘部肌腱炎或肘部脱位；踝关节在跑步或跳跃时容易受到扭伤或扭转，导致踝关节韧带拉伤或骨折等。

关节损伤的严重程度各不相同，轻微的损伤可能只导致关节疼痛、肿胀和活动受限，而严重的情况下可能导致关节脱位、软骨损伤或骨折等严重后果。对于一些严重的关节损伤，可能需要进行手术治疗以恢复关节的稳定性和功能。

针对关节损伤，及时地诊断和治疗至关重要。在急性阶段，冰敷、压迫、提升（RICE）疗法可以帮助减轻疼痛和肿胀，同时限制运动范围以避免进一步损伤。在康复阶段，物理治疗、康复训练和适度运动有助于恢复关节的功能和稳定性，减少复发的风险。

3. 骨折

骨折是体育运动中常见的急性损伤之一，其发生通常是由于剧烈外力作用于骨骼结构而造成的。在高校体育运动中，骨折往往发生在运动员进行高强度运动或意外摔倒时，特别是在进行激烈比赛或训练时，因运动冲击力较大，容易导致骨骼受力超过其承受范围而发生骨折。骨折类型多种多样，其中包括闭合性骨折和开放性骨折等。

闭合性骨折是指骨折部位未破皮的情况，骨折的断端没有与外界相通，通常由于直接暴力或间接暴力作用于骨骼而引起。在运动中，闭合性骨折常见于骨骼受到直接冲击或扭曲，例如跌倒时用手支撑身体，导致手臂骨折。而开放性骨折则是指骨折部位有骨折的骨片穿破皮肤，造成外界感染的可能性增加。

开放性骨折通常发生在严重的外伤情况下，如交通事故或高强度碰撞运动中。

严重的骨折可能需要手术治疗来重新定位和固定骨折部位，以促进骨折愈合和恢复。手术治疗通常由骨科专家进行，在手术后可能需要进行康复训练和物理治疗，以帮助运动员恢复骨折部位的功能和稳定性。康复过程中，逐步恢复运动是至关重要的，但必须在医生和康复专家的指导下进行，以避免进一步的损伤。

（二）慢性运动损伤

1. 过度使用损伤

过度使用损伤是慢性运动损伤中相当普遍的一种类型，其主要原因是长期重复性的运动或过度训练所致。这种损伤通常是由于运动员在长时间内频繁地进行相似的运动动作，超出了身体组织的适应能力而引起的。过度使用损伤可以涉及多种组织，包括肌肉、韧带、腱和关节，其临床表现可以包括肌肉疲劳、肌肉炎症、腱鞘炎等不适症状。

在运动中，频繁的、单一方向的运动动作可能会导致某些肌肉或组织长时间处于过度紧张状态，从而引发肌肉疲劳和炎症。特别是一些需要持续维持特定姿势或重复性运动的项目，如乒乓球、网球、游泳等，更容易引发过度使用损伤。此外，运动员可能受到外部因素的影响，如不合适的训练计划、过度训练、不良的运动技术等，也可能导致过度使用损伤的发生。

常见受影响的部位包括腰部、手腕、肩部等。例如，网球运动员可能会出现网球肘，即肱骨外上髁炎，由于频繁挥动球拍而引发的肌肉疲劳和炎症。游泳运动员可能会患上肩部炎症，由于频繁划水动作而引发的肩关节和肌肉的过度使用。

预防过度使用损伤的关键在于科学合理地训练计划和技术指导。运动员应该避免过度训练和单一性训练，合理安排训练和休息时间，以充分恢复身体组织的适应能力。另外，使用适当的运动装备和采取正确的运动技术也是预防过度使用损伤的重要措施。

2. 肌肉不平衡损伤

肌肉不平衡损伤是慢性运动损伤的一种常见类型，其发生通常是由于某些肌肉群相对于其他肌肉群过于强大或过于紧张，导致运动姿势不正确或力量分配不均衡而引起的。这种损伤可能涉及肌肉拉伤、肌肉肥大症等病理状态，其影响可在一定程度上影响运动员的运动能力和姿势。

肌肉不平衡损伤通常发生在长期进行重复性动作或单一方向运动的运动员身上。在这些运动中，某些肌肉群可能会长时间处于过度紧张或过度使用的状态，而其他肌肉群则可能相对较弱或不足以支撑运动所需。这种不平衡的力量分配可能导致肌肉疲劳、过度拉伤和慢性肌肉不适等问题的发生。

常见受影响的部位包括腰部、膝盖、肩部等。例如，腰部肌肉不平衡可能导致腰椎周围肌肉的不稳定性，增加了腰椎受伤的风险。肩部肌肉不平衡可能导致肩部肌肉群的不协调运动，增加了肩部关节疼痛和损伤的可能性。膝盖肌肉不平衡可能导致膝关节的不稳定性，增加了膝盖软骨损伤和韧带损伤的风险。

预防肌肉不平衡损伤的关键在于全面的训练和合理的力量平衡。运动员应该通过全面的训练计划，包括有针对性的力量训练、柔韧性训练和平衡训练，来提高全身肌肉群的协调性和平衡性。此外，及时发现并纠正不正确的运动姿势和不平衡的力量分配也是预防肌肉不平衡损伤的重要措施。

3.应力性骨折

应力性骨折是一种慢性运动损伤，通常是由于长期重复性的运动或训练所引起，这些活动会导致骨骼受到持续性应力的影响而逐渐发展为骨折。这种损伤常见于高强度运动员，如长跑运动员、篮球运动员等，他们经常需要进行长时间的高强度运动，从而使得骨骼受到异常的力量和压力。

应力性骨折发生的部位通常是在经常承受压力和应力的骨骼部位。脚部是常见的受影响部位之一，特别是跑步和跳跃运动员常常受到脚部骨骼的长期压力，容易引发应力性骨折。此外，胫骨和腓骨也是常见的受影响部位，长跑运动员、足球运动员等常常在这些部位出现应力性骨折，尤其是在长时间的运动中，骨骼承受的应力超过了其适应能力时。

应力性骨折的发生机制通常与骨骼受到的持续性压力和应力不平衡有关。长期的重复性运动会导致骨骼组织受到微小的损伤，如果没有足够的休息和恢复时间，这些微小损伤可能会逐渐积累，最终导致骨骼的疲劳和应力性骨折的发生。

预防应力性骨折的关键在于科学合理的训练计划和充分的休息恢复。运动员应该根据自身的身体状况和训练水平，合理安排训练强度和训练量，并且注意在运动后充分休息和恢复。此外，定期进行体检和骨密度检测，以及保持良好的营养和饮食习惯，也是预防应力性骨折的重要措施。

二、发生运动损伤的原因分析

（一）生理因素

1. 个体生理特点

个体生理特点在运动损伤的发生中起着重要作用。不同个体的身体素质、生理结构各有差异，例如身高、体重、肌肉柔韧性等，这些特点可能影响着运动员在训练和比赛中的运动表现和受伤风险。比如，柔韧性较差的运动员更容易在运动中发生拉伤等损伤。

2. 体质素质

运动损伤的发生还与运动员的体质素质密切相关。良好的体质素质能够提高运动员的运动能力和适应能力，从而降低运动损伤的风险。例如，强健的肌肉和韧带、良好的心肺功能等都可以减少运动中受伤的可能性。

3. 生长发育情况

运动员的生长发育情况也会影响运动损伤的发生。在青少年时期，由于生长发育尚未成熟，骨骼和肌肉结构相对脆弱，这使得青少年运动员更容易受到运动损伤的影响。此外，过早参加高强度训练可能会影响生长发育，增加运动损伤的风险。

（二）环境因素

1. 运动场地

运动场地的条件对于运动损伤的发生有着直接影响。不同类型的运动项目需要不同的场地条件，如果场地条件不合适，例如地面不平整、摩擦系数过高或过低等，都可能增加运动员受伤的风险。

2. 气候条件

气候条件是另一个影响运动损伤的重要环境因素。高温、高湿度或极端天气条件下的运动容易导致运动员体温调节失衡、脱水等问题，增加受伤的可能性。同样，寒冷的气候也可能导致肌肉紧张，增加受伤风险。

3. 装备器材

运动装备的质量和适配性直接关系到运动员的安全。不合适的装备器材可能导致姿势不正确、运动技术失误，从而增加运动损伤的风险。例如，不合适的鞋子可能导致脚部损伤，不适宜的护具可能无法有效保护运动员。

（三）训练因素

1. 训练量

过度的训练量是导致运动损伤的常见原因之一。如果运动员的训练量过大，身体没有足够的时间去适应和恢复，就容易出现疲劳和过度使用损伤。

2. 训练强度

训练强度过大或过小都可能增加运动损伤的风险。过强的训练强度可能导致肌肉和韧带受损，而过弱的训练强度则可能导致肌肉和韧带的功能下降，增加运动损伤的风险。

3. 训练技术

错误的训练技术也是导致运动损伤的重要原因之一。如果运动员没有掌握正确的运动技术，就容易在运动过程中受伤。因此，教练需要对运动员进行系统的技术指导和培训，确保其掌握正确的运动技能。

三、运动损伤的流行趋势与特点

（一）年轻化趋势

1. 青少年运动损伤的增加

随着体育运动在青少年中的普及和推广，青少年运动损伤的发生率逐渐增加。青少年参与体育运动的人数增加，但其生理发育尚未完全成熟，骨骼、肌肉等组织相对较为脆弱，容易受到损伤。

2. 竞争压力导致的损伤

随着竞技体育的竞争日益激烈，青少年为了在比赛中取得好成绩，可能会进行过度训练或者采取不当的训练方法，导致运动损伤的发生。

（二）多发性特点

1. 次生损伤的出现

运动损伤具有多发性特点，即一个运动损伤可能会引发其他部位的次生损伤。例如，膝关节前交叉韧带损伤可能导致膝关节周围软组织损伤，影响康复和运动员的重返赛场。

2.慢性损伤的积累

许多运动损伤是由于长期重复性的运动引起的，慢性损伤在运动员的生涯中可能会逐渐积累。这种情况下，即使原始损伤已经得到了治疗，但潜在的慢性问题可能会持续存在，影响运动员的表现和生活质量。

（三）多因素综合作用

运动损伤的发生是多种因素综合作用的结果，包括生理因素、环境因素、训练因素等。这些因素相互交织，共同影响着运动员的健康状况和受伤风险。因此，预防和处理运动损伤需要综合考虑这些因素，并制定相应的预防和康复方案。此外，由于每个人的生理条件、运动水平、训练历史等都存在差异，针对性的个性化预防策略变得尤为重要。根据运动员的特点制定针对性的训练计划和预防措施，有助于降低运动损伤的发生率和频率。

第二节　运动损伤的预防和处理

一、运动损伤预防的重要性和原则

（一）重视预防工作

预防优于治疗，这一原则在运动损伤方面尤为重要。学生和教练都应该对运动损伤的预防工作高度重视，意识到预防远比治疗更为重要。通过提高对运动损伤的认识和了解，学生和教练可以共同制定出合适的预防措施，从而降低运动损伤的发生率。定期举行相关的预防教育和培训活动，加强学生和教练的预防意识，也是非常重要的。

（二）综合性预防

综合性预防是指采取多种措施综合防范运动损伤的发生。这些措施涉及多个方面。

1.生理素质的提高

生理素质的提高是体育教学中至关重要的一环。通过定期的身体素质训练和体能测试，可以有效提高学生的身体素质水平，增强他们的身体适应能力和抗压能力，从而降低运动损伤的风险。身体素质训练的目标是通过科学的训练方法和系统的训练计划，促进学生身体各项素质的全面发展，包括力量、速度、耐力、柔韧性等方面。

第一，力量训练是提高身体素质的重要途径之一。力量训练可以增强学生的肌肉力量和耐力，提高他们的爆发力和持久力，从而提高运动表现和抗压能力。力量训练可以包括自身体重训练、器械训练和重量训练等多种形式，根据学生的年龄、性别和身体状况制定相应的训练计划，逐步提高训练强度和难度。

第二，有氧耐力训练也是提高身体素质的重要组成部分。有氧耐力训练可以提高学生的心肺功能和肌肉耐力，增强他们的持久力和抗疲劳能力。这种训练可以包括跑步、游泳、骑行等有氧运动，通过逐步增加运动时间和强度，提高学生的耐力水平。

第三，灵活性和协调性训练也是身体素质训练的重要内容。通过拉伸、瑜伽、体操等灵活性训练，可以提高学生的关节活动度和身体柔韧性，减少运动损伤的风险。协调性训练可以通过平衡训练、球类运动等方式进行，提高学生的身体协调性和运动技能水平。

第四，定期的体能测试是评估学生身体素质和训练效果的重要手段。通过体能测试，可以及时发现学生的身体素质存在的问题和不足，调整训练计划，有针对性地进行训练，以达到提高身体素质的目标。

2.技术训练的规范

规范的技术训练是体育教学中至关重要的一环。通过规范的训练，学生可以掌握正确的运动姿势和技巧，有效地提高运动表现，并最大限度地避免不正确的动作导致的运动损伤。在进行技术训练时，有几个关键的方面需要注意。

第一，教授正确的运动姿势和技巧。在进行技术训练时，教练应该清晰地示范正确的运动姿势和技巧，帮助学生理解并模仿。通过反复练习和指导，学生可以逐步掌握正确的动作要领，确保动作的规范和标准。

第二，定期进行技术评估和调整。教练应该定期对学生的技术水平进行评估，发现存在的问题和不足，并及时进行调整和纠正。这包括对学生的姿势、动作、力量等方面进行全面的评估，以确保他们的训练效果和进步。

第三，及时发现并纠正不良的运动习惯和动作也是非常重要的。有些学生可能会养成不正确的运动习惯，例如姿势不正确、动作不规范等，这会增加运动损伤的风险。因此，教练需要密切关注学生的训练过程，及时发现并纠正这些不良的运动习惯和动作，确保他们在训练中保持正确的姿势和技巧。

3. 装备器材的安全性

装备器材的安全性在体育训练和比赛中起着至关重要的作用。为了确保学生在运动过程中不受伤害，需要采取一系列措施来保证装备器材的安全性。

第一，关键是确保学生使用的装备器材符合安全标准。这意味着所有的装备器材必须经过严格的质量检查，确保其设计、制造和材料都符合安全规定，并且通过了相关的认证和检测。

第二，装备器材的质量和稳定性也至关重要。学生在进行运动训练或比赛时需要依赖各种装备器材，如球类、器械设备等，而这些器材的质量和稳定性直接影响到运动的安全性和效果。因此，学校或训练场所应该定期检查和维护装备器材，确保其在使用过程中不会出现损坏或功能故障。

第三，及时更新装备器材也是保证运动安全的重要措施之一。随着科技的发展和器材制造工艺的不断更新，新型的装备器材往往具有更好的安全性能和功能特点。因此，学校或训练场所应该及时更新老化或损坏的装备器材，确保学生使用的都是最新的、符合安全标准的器材。

第四，对于一些特殊的运动项目或高风险的运动项目，还需要特别关注装备器材的安全性。比如，在进行攀岩、滑雪等高风险项目时，学校或训练场所应该采取额外的安全措施，如提供专业的安全装备和设施，进行系统的安全培训等，以最大限度地降低运动损伤的风险。

4. 场地环境的改善

改善运动场地的环境条件是确保学生进行体育活动时安全、舒适的重要举措。首先，对于运动场地的平整是至关重要的。一个平整的场地可以降低运动伤害的风险，确保学生在运动时脚步稳固、动作流畅。因此，需要对场地进行定期的平整和修整，填补裂缝、修复坑洞，以保证场地表面的平整度。

此外，保持场地的干净整洁也是必不可少的。杂物堆积、垃圾遗留会给运动场地带来安全隐患，并影响到学生的运动体验。因此，需要定期清理和清扫场地，确保场地环境清洁，减少杂物和垃圾的堆积，营造一个清爽、整洁的运动环境。

消除障碍物和安全隐患也是改善运动场地环境的关键步骤之一。障碍物和安全隐患可能会导致学生在运动过程中受伤，因此需要及时发现并加以处理。这包括移除场地上的石头、树枝等可能导致跌倒或扭伤的障碍物，修复损坏的护栏、栏杆等安全设施，确保场地的安全性。

定期对场地进行检查和维护也是保障场地环境质量的重要手段。通过定期的检查，可以及时发现场地存在的问题，并采取相应的维护措施，防止问题进一步恶化。维护包括场地的绿化养护、设施设备的检修维护等，以保障场地的安全性和舒适性。

二、运动损伤处理的基本原则和方法

（一）休息与冰敷

运动损伤发生后，第一时间需要停止活动，给予受伤部位充分的休息。休息是为了避免继续加重受伤，同时也有利于减轻疼痛和促进伤情的恢复。此外，冰敷是常用的控制炎症和减轻疼痛的方法之一。冰敷可以缩血管、减少组织出血和肿胀，同时也有镇痛和止痛的作用。一般建议将冰袋或冰块用毛巾包裹后，每次敷在受伤部位15—20分钟，每隔2—3小时重复一次，持续48小时。

（二）保护和固定

对于严重的运动损伤，如骨折、脱位等，需要及时采取保护和固定措施，以避免进一步损伤，减少并发症的发生。保护和固定的方法包括：

使用石膏或支具固定受伤部位，以保护受伤部位不受外界碰撞和移动，减少进一步损伤。

使用绷带或创可贴包扎受伤部位，固定受伤部位，并起到压迫止血的作用。

使用拐杖、助行器或轮椅等辅助工具，减少受伤部位的负重和运动，促进伤情的恢复。

此外，对于软组织损伤，如扭伤、拉伤等，可以采取适当的保护措施，如使用弹性绷带或护具固定受伤部位，避免过度活动和外力冲击，这些措施有利于恢复。

三、运动损伤的应急处置与紧急救护

（一）急救知识培训

为了有效处理运动损伤的急救情况，学生和教练需要接受基本的急救知识培训。这种培训不仅包括理论知识的传授，更重要的是实际操作技能的训练。教练和学生需要学习心肺复苏（CPR）、止血包扎、骨折固定等急救技能，以便在发生紧急情况时能够迅速做出正确的反应。培训过程中，应重点强调正确的急救步骤和技巧，以及在紧急情况下的应对策略。通过这些培训，他们能够有效地进行急救处置，减少伤员的痛苦和后果。

（二）建立应急预案

针对不同类型的运动损伤，应建立完善的应急预案。这需要学校体育部门与医疗机构合作，共同制定应急预案，并定期进行评估和更新。应急预案应该包括以下内容：

1. 建立应急救援队伍

为了确保在体育活动中出现突发情况时能够迅速有效地应对，学校体育部门应建立应急救援队伍。这个队伍应当由经过专业培训的救护人员和志愿者组成，他们具备急救技能和丰富的应急处理经验。这样的队伍在应对紧急情况时能够提供及时、专业的援助，保障师生在体育活动中的安全与健康。

这个应急救援队伍的职责十分重要且多元化。首先，他们需要迅速响应并提供急救服务。在体育活动中，伤害可能会突然发生，需要有能力的救援人员立即前往现场进行救助，采取有效的急救措施，稳定伤者的伤势，减轻伤者的痛苦，最大限度地避免进一步恶化的情况发生。其次，应急救援队伍的成员需要协助伤员稳定伤情并进行初步处置。这包括控制出血、固定骨折、处理烧伤等急救措施，以保证伤者在被送往医疗机构前得到有效的应急救治。此外，他们还需要保障现场的安全和秩序，防止事态扩大，保护其他师生不受伤害。最后，应急救援队伍的成员还需要协助医护人员将伤员转送至医疗机构。这一环节尤为关键，需要确保伤者能够尽快得到进一步的专业治疗和救助，以促进其康复。

建立应急救援队伍不仅需要队员们具备丰富的急救知识和技能，还需要他们具备良好的心理素质和团队协作能力。面对突发情况，应急救援队伍需要保

持镇定冷静，迅速作出正确的判断并采取应对措施，协作配合，共同完成救援任务。因此，学校体育部门应当定期组织应急救援演练和培训，提升队员们的应急处置能力和团队协作水平，以应对各种突发情况，保障师生在体育活动中的安全与健康。

2. 配备应急救援设备和物资

为了应对可能发生的紧急情况，学校体育场馆和训练场地应该配备必要的急救设备和药品。这些设备和物资的准备是确保在运动过程中发生意外时能够及时进行急救处理，最大限度地减轻伤者的痛苦，保障其安全与健康。其中，急救箱是至关重要的一项设备，它内含必要的急救工具和药品，如消毒棉球、绷带、止血药等。这些物品能够在紧急情况下为伤员提供及时的急救处理，控制伤情，防止进一步恶化。另外，冰袋也是常见的急救设备之一，它常用于处理扭伤、挫伤等情况，通过降低受伤部位的温度，减轻伤员的疼痛和肿胀，起到缓解症状的作用。此外，配备担架也是十分必要的，特别是对于严重受伤的伤员，担架能够提供稳固的支撑，方便将伤员迅速转移到安全地点或医疗机构进行进一步救治。

总的来说，配备应急救援设备和物资是学校体育场馆和训练场地应该重视和做好的一项工作。只有充分准备好这些必要的设备和物资，才能在紧急情况下迅速、有效地进行急救处理，最大限度地保障师生的安全与健康。

3. 确定应急医疗机构

学校在应对运动场馆或训练场地内的紧急情况时，必须确保能够及时转诊伤员至最近的医疗机构进行进一步治疗。因此，学校应提前确定距离最近的医疗机构，并与其建立联系，以确保在紧急情况下能够快速地转诊和就医。这种举措对于保障师生在遇到意外伤害或突发疾病时能够及时得到救治至关重要。

除了确定医疗机构外，学校还应建立与这些医疗机构的紧急联络机制。这种机制能够确保在发生紧急情况时，学校能够迅速地通知医疗机构，并获得及时地支援和协助。紧急联络机制可以通过多种途径实现，例如电话联系、短信通知、电子邮件等方式，以确保信息的及时传递和沟通。

通过与医疗机构的紧密联系和紧急联络机制的建立，学校可以更加有效地应对突发情况，并最大限度地保障师生在紧急情况下的安全与健康。这种预先准备和应急机制的建立，能够为学校应对各类紧急事件提供重要保障，保障师生的生命安全和健康。

4. 伤情评估和处理流程

建立清晰的伤情评估和处理流程是保障在运动场馆或训练场地内发生紧急情况时能够有效处置的关键步骤。这一流程不仅能够快速评估伤员的伤情严重程度，还能够指导救护人员采取适当的急救措施，最大限度地减少伤害和后果。

第一，初步评估是伤情处理流程中的第一步。在发生意外情况后，救护人员需要迅速赶到现场，对伤员进行初步评估。这一评估旨在确定伤情的严重程度，包括是否出现严重出血、骨折、意识丧失等情况。通过对伤情的初步评估，救护人员可以迅速判断是否需要立即进行急救处置，并采取相应的行动。

第二，急救处置是伤情处理流程中的关键环节。根据伤情的不同，救护人员需要采取相应的急救措施，如止血、包扎、固定伤处等。例如，对于出血严重的伤员，应立即进行止血处理，以防止伤情恶化；对于出现骨折的情况，需要及时固定伤处，减轻伤员的疼痛和不适。急救处置的及时性和正确性对于伤员的康复和恢复至关重要。

第三，若伤情较重或需要进一步救治，应立即将伤员转送至医疗机构进行进一步救治。在转诊过程中，救护人员需要与医疗机构保持密切联系，提前通知医护人员伤员的情况，以便医疗机构能够及时做好接诊准备。同时，救护人员还需要对伤员进行适当的固定和护送，确保其安全转运至医疗机构进行进一步救治。

5. 应对措施和沟通机制

建立应对不同紧急情况的应对措施和沟通机制是确保应急预案有效执行的重要环节。在面对突发情况时，及时的应对措施和有效的沟通机制可以最大限度地减少损失和伤害，保障师生的安全和健康。

第一，针对不同紧急情况，应制定详细的操作流程和处置方案。这些方案应该根据不同类型的紧急情况进行分类，如火灾、自然灾害、意外伤害等，针对每种情况提供具体的应对措施和处置流程。例如，在火灾发生时，应立即启动疏散预案，指导师生安全撤离，同时通知消防部门并进行灭火。

第二，应建立清晰的信息传递和沟通渠道。这包括确立电话、无线对讲机等通信设备的使用规范，以及明确应急情况下的信息传递路径和责任人。教师、学生和救护人员应清楚了解如何通过这些渠道获取紧急情况下的指令和信息，并及时传达相关信息。

第三，需要指定应急指挥人员，负责协调和指挥应急处置工作。这些指挥人员应具备应对紧急情况的专业知识和经验，能够迅速决策和组织应急处置工作。他们需要与各相关部门保持密切联系，协调资源和人力，确保应急处置工作顺利进行。

第四，应定期组织演练和应急演习，检验应急预案的可行性和有效性。通过模拟不同紧急情况下的处置过程，可以发现问题并及时进行改进和完善。同时，还可以增强师生的应急意识和应对能力，增强应对紧急情况的信心和能力。

第三节　运动损伤的康复与重返赛场

一、运动损伤康复的阶段与过程

（一）急性期康复

急性期康复指运动损伤发生后的早期阶段，通常持续几天到几周。在这个阶段，主要目标是减轻疼痛、控制炎症、保护受伤组织，并尽快恢复受伤部位的功能。以下是急性期康复的主要内容。

1. 休息与保护

休息是急性期康复的基础，受伤部位需要充分休息以便恢复。同时，需要保护受伤组织，避免再次受到损伤。

2. 冰敷与压缩

冰敷可以帮助减轻疼痛和控制局部炎症，常用于急性期康复的早期阶段。同时，适度的压缩也有助于减轻肿胀和疼痛。

3. 药物治疗

在医生的指导下，可以使用一些止痛药和消炎药来缓解疼痛和控制炎症，但需要注意药物的剂量和使用方法。

4. 被动运动

在受伤部位允许的情况下，进行轻度的被动运动有助于促进血液循环和维持关节的活动度，但需要避免过度运动，以免加重损伤。

5. 康复专业人员的介入

在急性期康复阶段，可以寻求康复医生、物理治疗师等专业人员的帮助和指导，以制定个性化的康复计划并监督康复过程。

（二）康复训练期

康复训练期是急性期康复之后的阶段，通常持续数周到数月。这个阶段的重点是恢复受伤部位的功能和力量，逐步恢复日常生活和运动能力。以下是康复训练期的主要内容。

1. 逐步增加运动量和强度

康复训练期需要根据受伤部位的具体情况，逐步增加运动量和强度。这包括进行适度的有氧运动、康复性训练等，以促进受伤组织的修复和力量的恢复。

2. 物理治疗

物理治疗在康复训练期仍然起着重要作用，包括热敷、按摩、牵引等治疗手段，可以帮助缓解疼痛、增加关节活动度和促进组织修复。

3. 康复性训练

康复性训练包括力量训练、平衡训练、柔韧性训练等，旨在增强受伤部位周围肌肉的力量和稳定性，减少再次受伤的风险。

4. 功能性训练

功能性训练是针对日常生活和运动活动中的功能进行的训练，包括步态训练、坐站训练等，以帮助恢复受伤部位的正常功能。

5. 心理支持

康复训练期也需要重视心理健康，因为受伤可能给患者带来焦虑、沮丧等负面情绪。因此，提供良好的心理支持和心理疏导也是康复训练的重要内容。

（三）功能重建期

功能重建期是康复训练期之后的阶段，通常持续数月到数年，时间长短具体取决于受伤的严重程度和康复进展情况。在这个阶段，主要目标是恢复受伤部位的正常功能，并逐渐恢复到运动前的水平。以下是功能重建期的主要内容。

1. 系统性康复训练

功能重建期需要进行更为系统和全面的康复训练，包括进一步加强受伤部位周围肌肉的力量、增加运动的灵活性和稳定性，以及提高身体的整体功能水平。

2. 力量训练

强化受伤部位周围肌肉的力量是功能重建期的重要内容。通过逐渐增加负荷和训练强度，促进肌肉的增长和力量的增加，有助于稳定受伤部位并提高运动表现。

3. 平衡训练

平衡训练可以提高受伤部位周围肌肉的协调性和稳定性，减少再次受伤的风险。这包括站立平衡训练、单腿平衡训练等，可以在专业教练的指导下进行。

二、康复训练的内容和方法

（一）功能恢复训练

1. 力量训练

通过逐渐增加负荷和训练强度，针对受伤部位及其周围肌肉群进行力量训练。这有助于增强受伤部位的稳定性和功能，预防再次受伤。

2. 柔韧性训练

注重对受伤部位及其周围软组织进行柔韧性训练，如拉伸、按摩等，以增加肌肉和关节的灵活性，减少运动损伤的风险。

3. 平衡和稳定性训练

通过平衡训练和稳定性训练，提高受伤部位及其周围肌肉的协调性和稳定性，有助于改善运动控制和降低再次受伤的可能性。

4. 功能性训练

结合日常生活和运动需求，进行功能性训练，如上楼梯、蹲起等，以恢复受伤部位的日常功能和运动能力。

（二）运动技能训练

1.逐步恢复运动技能

根据受伤部位和程度，制定适合的运动技能训练计划，逐步恢复受伤者的运动技能。这包括对基本运动动作的重新学习和加强，如步态训练、跑步姿势训练等。

2.模拟比赛场景

在康复训练中，逐步模拟比赛场景，让受伤者进行运动技能的实战训练，提高其应对比赛压力和复杂环境的能力。

3.逐步增加运动强度

随着康复进展，逐步增加运动的强度和难度，使受伤者能够适应不同的运动环境和要求，提高其运动水平和竞技能力。

（三）心理支持和指导

1.建立信心

给予受伤者积极的心理暗示和鼓励，帮助其建立信心，相信自己能够克服困难，顺利康复。

2.应对挑战

帮助受伤者理解康复过程中可能遇到的困难和挑战，提供有效的应对策略，帮助其积极应对，克服困难。

3.情绪管理

引导受伤者正确管理情绪，如放松技巧、呼吸练习等方法，帮助其保持良好的情绪状态，积极面对康复过程中的种种挑战。

4.康复目标设定

与受伤者共同制定合理的康复目标，分阶段实现，使其在康复过程中有明确的方向和动力。

三、重返赛场前的心理准备与身体状况评估

（一）心理准备

在高校体育中，受伤运动员重返赛场前的心理准备至关重要。以下是重返赛场前的心理准备的内容。

1. 赛前焦虑管理

受伤运动员往往会因为长时间的休养而积聚赛前焦虑。教练和心理辅导员可以通过心理训练和放松技巧帮助运动员管理焦虑，如深呼吸、正向想象等，以确保他们能够保持镇定和专注。

2. 自信心恢复

受伤可能会影响运动员的自信心。因此，教练和心理辅导员应该与受伤运动员进行个别或团体心理辅导，重塑其自信心。这包括回顾过去的成功经历、强调其实力和潜力，并建立起重返赛场的信心和信念。

3. 应对挫折

重返赛场可能会遇到挑战和失败，教练应在心理准备中帮助运动员树立正确的心态，正确认识挫折的意义，鼓励他们从挫折中学习和成长，保持积极乐观的态度。

4. 目标设定

与受伤运动员一起制定明确的比赛目标，帮助他们集中精力和努力，为重返赛场制定明确的计划和目标，以提高其动力和执行力。

5. 心理支持

运动员在受伤期间可能会感到孤独和沮丧，需要团队和教练的支持和鼓励。教练和团队成员应给予他们情感上的支持，建立起团队凝聚力，让运动员感受到团队的温暖和支持。

（二）身体状况评估

在受伤运动员准备重返赛场之前，进行全面的身体状况评估至关重要。以下是身体状况评估的主要内容。

1. 受伤部位功能恢复情况

受伤部位的功能恢复情况评估是受伤运动员重返赛场前的重要环节，其目的在于全面了解受伤部位的状态，以确保其能够承受比赛的运动负荷，并降低再次受伤的风险。以下是对受伤部位功能恢复情况进行评估的关键方面。

第一，稳定性评估是评估受伤部位功能恢复的重要内容之一。稳定性评估旨在检测受伤部位的关节或组织在运动和负荷下的稳定性。这可能包括特定的关节稳定性测试，如前十字韧带或侧副韧带的稳定性测试，以及关节稳定性的动态评估，例如在运动中检查关节的稳定性。通过评估受伤部位的稳定性，可以确定其是否已经达到足够的稳定性水平，能够承受比赛中的运动负荷。

第二，力量评估是评估受伤部位功能恢复的另一个关键方面。力量评估包括评估受伤部位周围肌肉群的力量水平，以及受伤部位本身的力量情况。这可能涉及特定肌肉群的力量测试，如受伤关节周围肌肉的力量测试，以及功能性的力量测试，例如测试受伤部位的稳定性和力量。通过力量评估，可以了解受伤部位的肌肉力量是否已经恢复到足够的水平，以支持正常的运动功能和负荷。

第三，灵活性评估也是评估受伤部位功能恢复的重要内容之一。灵活性评估涉及评估受伤部位周围组织的灵活性和活动范围，以及受伤部位本身的活动度。这可能包括特定关节或肌肉群的活动度测试，如受伤关节的活动范围测试，以及功能性的灵活性测试，例如测试受伤部位在运动中的活动度。通过灵活性评估，可以确定受伤部位周围的组织是否已经恢复到足够的灵活性水平，以支持正常的运动功能和负荷。

2. 运动能力恢复程度

评估受伤运动员的整体运动能力恢复情况是使之能够安全重返赛场的关键步骤之一。这种评估涵盖了多个方面，包括力量、耐力、速度、敏捷性等，以全面了解运动员的身体状态和运动能力水平。

第一，力量是评估受伤运动员运动能力恢复程度的重要指标之一。力量评估可以涉及全身的肌肉力量测试，包括上肢、下肢以及核心肌群的力量测试。通过力量测试，可以了解受伤运动员的肌肉力量是否已经恢复到比赛前的水平，以及是否具备足够的力量支持各项运动技能的发挥。

第二，耐力是受伤运动员运动能力恢复的另一个重要方面。耐力评估包括心肺耐力和肌肉耐力的评估。心肺耐力可以通过有氧运动测试来评估，例如跑步、游泳或踏车等，以确定运动员的心肺功能是否已经恢复到正常水平。肌肉耐力评估则涉及肌肉的持久性和耐力，可以通过一系列体能训练和测试来进行。

第三，速度和敏捷性也是评估受伤运动员运动能力恢复的重要指标之一。速度评估可以包括短跑、爆发力测试等项目，以确定运动员的爆发力和速度水平。敏捷性评估则涉及运动员在不同方向上的灵活性和反应能力，可以通过各种敏捷性测试来进行，例如变向跑、灵敏性测试等。

3. 康复进程评估

康复进程评估是保障受伤运动员康复顺利进行的重要环节。这种评估涉及多个方面，包括康复训练的效果、康复过程中出现的问题以及相应的解决方案等，旨在全面了解康复进程的情况并及时调整康复计划，以促进运动员的康复和复原。

第一，评估康复训练的效果是康复进程评估的重要内容之一。通过对受伤运动员的康复训练效果进行评估，可以了解康复训练是否达到了预期的效果，受伤部位的功能是否得到了有效地恢复，以及整体运动能力是否有所提高。这可以通过定期进行功能评估、体能测试、运动技能测试等方法来实现，以全面了解康复训练的效果，并根据评估结果调整康复计划。

第二，评估康复过程中出现的问题也是康复进程评估的重要内容之一。在康复过程中，可能会出现各种问题，例如康复进展缓慢、康复训练效果不佳、康复训练中出现新的伤病等。通过及时发现和识别这些问题，并分析其原因，可以及时采取相应的措施进行调整和解决，以确保康复进程的顺利进行。

第三，针对康复过程中出现的问题，需要提出相应的解决方案。这些解决方案应该根据问题的具体情况和原因进行制定，可以包括调整康复训练计划、加强康复训练的针对性和个性化、加强康复过程中的监督和指导等。同时，还需要对解决方案的实施效果进行跟踪和评估，以确保问题得到有效解决并促进康复进程的顺利进行。

参考文献

[1] 耿加春 . 多样化教学方法在初中体育教学中的应用概述 [J]. 体育风尚，2019（12）：160.

[2] 王会儒，赵晗华，余建波 . 中国大学慕课体育类课程建设的现状分析与发展对策 [J]. 武汉体育学院学报，2019，53（8）：69-75.

[3] 王明博 . 高校体育教学中多样化教学方法的实施策略 [J]. 科学大众（教师版），2019（10）：148.

[4] 王坤，孙开宏 . 体育学习中内隐观念与自我妨碍之间关系：成就目标的中介作用 [J]. 武汉体育学院学报，2019，53（3）：45-49，57.

[5] 王荣 . 浅谈高校体育教学中多样化教学方法的实践 [J]. 才智，2019（28）：33.

[6] 于素梅，许弘 .《〈体育与健康〉教学改革指导纲要（试行）》解读 [J]. 首都体育学院学报，2021，33（4）：371-377.

[7] 王一帆 . 篮球战术训练研究 UJ 冰雪体育创新研究，2022（8）：164-166.

[8] 秦春林 . 篮球训练中战术意识的培养探究盯拳击与格斗，2021（10）：96-97.

[9] 唐克己，朱栋栋，张学军 . 互联网对高校体育教育的影响及对策 [J]. 智库时代，2019（42）：170，172.

[10] 高丹娜，张音 . 慕课在高校体育教学中的应用研究 [J]. 当代体育科技，2019，9（24）：82-83.

[11] 曹晓东，肖涛 . 互联网技术在高校体育教学中的应用研究 [J]. 体育世界：学术版，2019（7）：28，30.

[12] 李赣中 . 互联网技术在高校体育教学中的应用研究 [J]. 今日财富，2019.（2）：12-13.

[13] 李云鹏.互联网＋时代高校体育教学的创新探索 [J].闽南师范大学学报（自然科学版），2019（2）：16.

[14] 任廷锋.终身体育理念下高校体育教学改革与创新的研究 [J].当代体育科技，2017，7（32）：3-5.

[15] 周宏.终身体育理念下对高校体育反思性教学的理论研究 [J].河南工业大学学报（社会科学版），2013，9（01）：141-143.

[16] 杜艳美.终身体育教育理念下高校体育教学的审视与反思 [J].当代体育科技，2016，6（32）：4-5.

附　录

附录一　学生体育学习问卷调查表

请你填写以下问题，以帮助我们更好地了解你对体育学习的态度和情况。请根据你真实的情况填写，谢谢！

1. 你对体育课程的兴趣程度如何？（请在下面打钩）

（1）非常感兴趣□

（2）比较感兴趣□

（3）一般般□

（4）不太感兴趣□

（5）完全不感兴趣□

2. 你平时是否积极参与体育课程的活动？（请在下面打钩）

（1）我积极参与体育课程的活动□

（2）有时候会参与，有时候不会□

（3）不太积极，但也会参与一些活动□

（4）不太积极，我更喜欢观看□

3. 你在体育课程中最喜欢的运动项目是什么？（请填写你最喜欢的项目名称）

_____

4. 你觉得自己在体育课程中最擅长的技能是什么？（请填写你认为自己擅长的技能）

_____

5. 你觉得自己在体育课程中最需要改进的地方是什么？（请填写你认为自己

需要改进的方面）

_____

6.你对于体育课程中的团队合作活动有何看法？（请填写你对团队合作活动的看法）

_____

7.你对于体育课程的教学方式有何建议或意见？（请填写你的建议或意见）

_____

请在上面的空格中填写你的答案或打钩选择，感谢你的配合！

（备注：此问卷调查将用于帮助评估学生的体育兴趣、态度和学习情况，所有答案将被保密并仅用于教学目的。）

附录二　自信心评估问卷

请根据以下陈述，在每个陈述后面选择适合您的情况的答案，并在括号中标记相应选项的序号。

1.在比赛或训练中，我相信自己的能力：（ ）

（A）绝不自信

（B）不太自信

（C）有些自信

（D）非常自信

2.当面临困难时，我相信自己能够克服它们：（ ）

（A）绝不自信

（B）不太自信

（C）有些自信

（D）非常自信

3.我相信自己能够在比赛或训练中达到自己的最佳表现：（ ）

（A）绝不自信

（B）不太自信

（C）有些自信

（D）非常自信

4. 即使遇到失败，我也相信自己能够从中学到东西，并变得更强大：（ ）

（A）绝不自信

（B）不太自信

（C）有些自信

（D）非常自信

5. 在竞争激烈的场合，我仍然能够保持自信：（ ）

（A）绝不自信

（B）不太自信

（C）有些自信

（D）非常自信

请在每个陈述后的括号中标记您认为适合自己情况的选项序号，谢谢。